千字文 펜글씨 교본

한자 약자(**略字**) 표기
한자의 필순(**筆順**)
부수 명칭(**部首名稱**)
성씨 일람표(**姓氏一覽表**)
문교부 선정 기초 한자 1800字 정리
경조·증품(**慶弔·贈品**) 用語 쓰기
고사 숙어(**故事熟語**) 해석

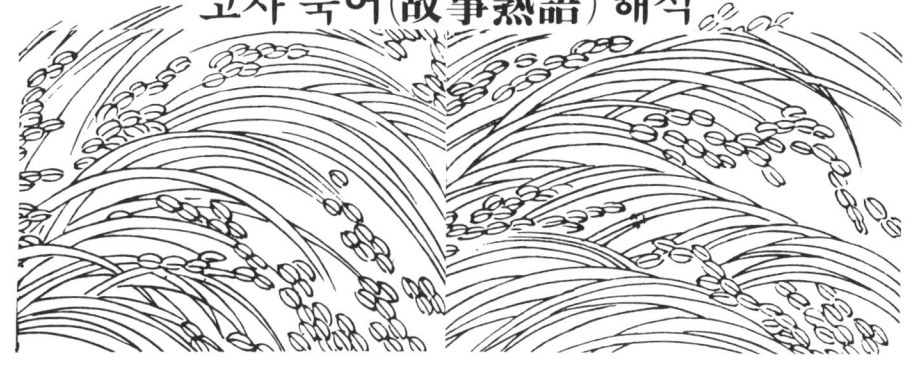

펜을 잡는 법

1. 펜은 연필을 잡는 것과 같은 법으로 잡고, 펜대의 경사도는 45° 정도가 보통이지만, 붓과 같이 힘을 주지 말고 가볍게 잡아야 한다.
2. 펜대를 필요 이상으로 힘주어 잡거나, 펜을 너무 기울이거나 세우면 손가락과 손목이 잘 움직여 주지 않아 운필이 자유롭지 않다.
3. 지면에 손목을 굳게 붙이면 손가락 끝만으로 쓰게 되는 것이 된다. 손가락 끝이나 손목에 의지하지 말고 팔로 쓰는 것같이 해야 한다.
4. 뻐침의 요령은 너무 힘을 들이지 않고 가볍게 가지고 자유로이 손을 움직이게 하여야 한다. 반흘림이나 흘림인 경우에는 펜대를 점점 높이 잡는 것이 글씨 쓰기 좋다.

펜촉과 잉크의 선택

펜촉…펜촉의 종류는 여러가지가 있으나 보통 서사용으로는 그림과 같은 스푸운펜이나 지이(G)펜이 많이 쓰인다. 펜촉을 살 때에는 끝의 갈라진 두 쪽의 높이와 크기가 같은 것을 골라야 한다.

펜대…문방구점에서 팔고 있는 것으로서 가볍고 잡기 좋은 것이면 무방하다.

펜대…잉크의 빛깔은 진한 흑색이 좋다.

주의할 점

1. 펜을 쓰고 난 다음에는 깨끗이 닦아 두도록 한다.
2. 잉크병 바닥에 펜촉을 찧지 않도록 한다.
3. 잉크를 너무 많이 묻혀서 잉크방울이 떨어지는 일이 없도록 한다.
4. 잉크를 쏟거나 손에 묻히지 않도록 항상 주의한다.
5. 펜촉을 어느 한 쪽으로만 쓰는 버릇이 들지 않도록 한다.

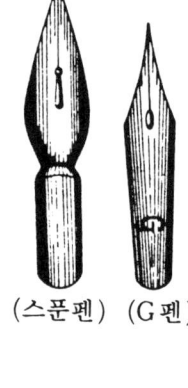
(스푼펜) (G펜)

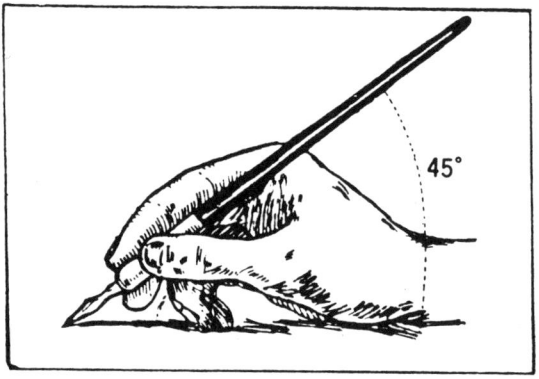

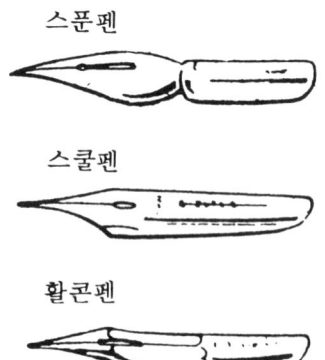
스푼펜
스쿨펜
활콘펜

하늘천	따 지	검을현	누를황	집 우	집 주	넓을홍	거칠황	날 일	달 월
天	地	玄	黃	宇	宙	洪	荒	日	月

찰영	기울측	별 진	잘숙(수)	벌릴렬	베풀장	찰 한	올 래	더울서	갈 왕
盈	昃	辰	宿	列	張	寒	來	暑	往

가을추	거둘수	겨울동	감출장	윤달윤	남을여	이룰성	햇 세	법칙률	으률려
秋	收	冬	藏	閏	餘	成	歲	律	呂

고를조	볕 양	구름운	날등	이를치	비 우	이슬로	맺을결	하 위	서리상
調	陽	雲	騰	致	雨	露	結	爲	霜

쇠 금	날 생	빛날려	물 수	구슬옥	날 출	메곤	메강	칼금	이름호
金	生	麗	水	玉	出	崑	岡	劍	號

클거	집궐	구슬주	일컬을칭	밤야	빛광	실과과	보배진	오얏리	벚내
巨	闕	珠	稱	夜	光	果	珍	李	柰

나물채	무거울중	겨자개	새앙강	바다해	짤 함	물 하	맑을담	비늘린	잠길잠
菜	重	芥	薑	海	鹹	河	淡	鱗	潛

깃 우	날개상	용 룡	스승사	불 화	임금제	새 조	벼슬관	사람인	임금황
羽	翔	龍	師	火	帝	鳥	官	人	皇

비로소시	지을제	글월문	글자자	이에내	입을복	옷 의	치마상	밀 추	벼슬위
始	制	文	字	乃	服	衣	裳	推	位

사양양	나라국	있을유	나라우	질그릇도	당나라당	조상조	백성민	칠 벌	허물죄
讓	國	有	虞	陶	唐	弔	民	伐	罪

두루 주	필 발	나라 은	끓을 탕	앉을 좌	아침 조	물을 문	길 도	드릴 수	꽂을 공
周	發	殷	湯	坐	朝	問	道	垂	拱

평할 평	글월 장	사랑 애	기를 육	검을 려	머리 수	신하 신	업드릴 복	되 융	되 강
平	章	愛	育	黎	首	臣	伏	戎	羌

멀 하	가까울 이	한 일	몸 체	거나릴 솔	손 빈	돌아갈 귀	임금 왕	울 명	새 봉
遐	邇	壹	體	率	賓	歸	王	鳴	鳳

있을 재	나무 수	흰 백	망아지 구	밥 식	마당 장	될 화	입을 피	풀 초	나무 목
在	樹	白	駒	食	場	化	被	草	木

힘입을뢰	미칠급	일만만	모 방	덮을개	이 차	몸 신	터럭발	넉 사	큰 대
賴	及	萬	方	蓋	此	身	髮	四	大

다섯오	떳떳상	공손공	오직유	칠 국	기를양	어찌기	구태감	헐 훼	상할상
五	常	恭	惟	鞠	養	豈	敢	毀	傷

계집녀	사모모	곧을정	매울렬	사내남	본받을효	재조재	어질량	알 지	허물과
女	慕	貞	烈	男	效	才	良	知	過

반듯필	고칠개	얻을득	능할능	말 막	잊을망	없을망	말씀담	저 피	짧을단
必	改	得	能	莫	忘	罔	談	彼	短

아닐미	믿을시	몸 기	긴 장	믿을신	하여금사	옳을가	덮을복	그릇기	하고자할욕
靡	恃	己	長	信	使	可	覆	器	欲

어려울난	헤아릴량	먹 묵	슬플비	실 사	물들염	글 시	기릴찬	염소고	양 양
難	量	墨	悲	絲	染	詩	讚	羔	羊

법 경	단길행	얽을유	어질현	이길극	생각념	지을작	성인성	큰 덕	세울건
景	行	維	賢	克	念	作	聖	德	建

이름명	설 립	형상형	끝 단	겉 표	바를정	빌 공	골 곡	전할전	소리성
名	立	形	端	表	正	空	谷	傳	聲

빌 허	집 당	익힐 습	들을 청	재앙 화	인할 인	모질 악	쌓을 적	복 복	인연 연
虛	堂	習	聽	禍	因	惡	積	福	緣

착할 선	경사 경	자 척	구슬 벽	아닐 비	보배 보	마디 촌	그늘 음	이 시	다툴 경
善	慶	尺	璧	非	寶	寸	陰	是	競

자뢰자	아비부	일 사	임금군	가로왈	엄할엄	더불여	공경경	효도효	마땅당
資	父	事	君	曰	嚴	與	敬	孝	當

다할갈	힘 력	충성충	곧 즉	다할진	목숨명	임할림	깊을심	밟을리	엷을박
竭	力	忠	則	盡	命	臨	深	履	薄

이를숙	일 흥	더울온	서늘정	같을사	난초란	이 사	향기형	같을여	솔 송
夙	興	溫	淸	似	蘭	斯	馨	如	松

갈 지	성할성	내 천	흐를류	아니불	쉴 식	못 연	맑을증	가질취	비칠영
之	盛	川	流	不	息	淵	澄	取	暎

얼굴봉	그칠지	같을약	생각사	말씀언	말씀사	편안안	정할정	도타울독	처음초
容	止	若	思	言	辭	安	定	篤	初

정성성	아름다울미	삼갈신	마칠종	마땅의	하여금령	영화영	업업	바소	터기
誠	美	愼	終	宜	令	榮	業	所	基

호적적	심할심	없을무	마침경	배울학	넉넉우	오를등	벼슬사	잡을섭	벼슬직
籍	甚	無	竟	學	優	登	仕	攝	職

좋을종	정사정	있을존	써이	달감	아가위당	갈거	말이을이	더할익	읊을영
從	政	存	以	甘	棠	去	而	益	詠

풍류악	다를수	귀할귀	천할천	예도례	다를별	높을존	낮을비	윗 상	화할화
樂	殊	貴	賤	禮	別	尊	卑	上	和

아래하	화목목	지아비부	부를창	며느리부	따를수	밖 외	받을수	스승부	가르칠훈
下	睦	夫	唱	婦	隨	外	受	傅	訓

들 입	받을봉	어미모	거동의	모두제	할미고	맏 백	아재비숙	같을유	아들자
入	奉	母	儀	諸	姑	伯	叔	猶	子

견줄비	아해아	구멍공	품을회	맏 형	아우제	한가지동	기운기	연할련	가지지
比	兒	孔	懷	兄	弟	同	氣	連	枝

사귈교	벗 우	던질투	나눌분	간절절	갈 마	경계잠	법 규	어질인	사랑자
交	友	投	分	切	磨	箴	規	仁	慈

숨을은	슬플측	지을조	버금차	말 불	떠날리	마디절	옳을의	청렴렴	물러갈퇴
隱	惻	造	次	弗	離	節	義	廉	退

엎더질전	못 패	아닐비	이지러질휴	성품성	고요정	뜻 정	편안일	마음심	움직일동
顚	沛	匪	虧	性	靜	情	逸	心	動

귀신신	가쁠피	지킬수	참 진	뜻 지	가득할만	쫓을축	만물물	뜻 의	옮길이
神	疲	守	眞	志	滿	逐	物	意	移

굳을견	가질지	맑을아	잡을조	좋을호	벼슬작	스스로자	얽을미	도읍도	고을읍
堅	持	雅	操	好	爵	自	縻	都	邑

빛날화	여름하	동녘동	서녘서	두 이	서울경	등 배	터 망	낯 면	낙수락
華	夏	東	西	二	京	背	邙	面	洛

뜰 부	위수 위	웅거할 거	경수 경	집 궁	대궐 전	소반 반	답답 울	다락 루	볼 관
浮	渭	據	涇	宮	殿	盤	鬱	樓	觀

날 비	놀랄 경	그림 도	그릴 사	새 금	짐승 수	그림 화	채색 채	신선 선	신령 령
飛	驚	圖	寫	禽	獸	畫	綵	仙	靈

남녘병	집사	곁방	열계	갑옷갑	장막장	대답대	기둥영	베풀사	자리연
丙	舍	傍	啓	甲	帳	對	楹	肆	筵

베풀설	자리석	북고	비파슬	불취	저생	오를승	섬돌계	드릴납	섬돌폐
設	席	鼓	瑟	吹	笙	陞	階	納	陛

고깔변	구를전	의심의	별 성	오른쪽우	통할통	넓을광	안 내	왼 좌	사무칠달
弁	轉	疑	星	右	通	廣	內	左	達

이을승	밝을명	이미기	모을집	무덤분	법 전	또 역	모일취	무리군	꽃부리영
承	明	旣	集	墳	典	亦	聚	群	英

막을두	집 고	쇠북종	글씨례	옷 칠	글 서	벽 벽	글 경	마을부	비단라
杜	高	鍾	隷	漆	書	壁	經	府	羅

장수장	서로상	길 로	낄 협	괴화괴	벼슬경	지게호	봉할봉	여덟팔	골 현
將	相	路	俠	槐	卿	戶	封	八	縣

집 가	줄 급	일천천	군사병	높을고	갓 관	모실배	연 련	몰 구	바퀴곡
家	給	千	兵	高	冠	陪	輦	驅	轂

떨칠진	끈 영	인간세	녹 록	사치치	부자부	수레차(거)	멍에가	살찔비	가벼울경
振	纓	世	綠	侈	富	車	駕	肥	輕

꾀 책	공 공	성할 무	열매 실	구레 륵	비석 비	새길 각	새길 명	돌 반	시내 계
策	功	茂	實	勒	碑	刻	銘	磻	溪

저 이	맞을 윤	도울 좌	때 시	언덕 아	저울대 형	문득 엄	집 택	굽을 곡	언덕 부
伊	尹	佐	時	阿	衡	奄	宅	曲	阜

작을미	이를조	누구숙	경영영	굳셀환	귀 공	바룰광	합할합	건늘제	약할약
微	曷	孰	營	桓	公	匡	合	濟	弱

붙들부	기울경	비단기	돌아올회	한수한	은혜혜	말씀설	느낄감	호반무	장정정
扶	傾	綺	回	漢	惠	說	感	武	丁

준걸준	어질예	빽빽할밀	말 물	많을다	선비사	이 식	편안녕	나라진	나라초
俊	乂	密	勿	多	士	寔	寧	晋	楚

다시갱	으뜸패	나라조	나라위	곤할곤	비낄횡	거짓가	길 도	멸할멸	나라괵
更	覇	趙	魏	困	橫	假	途	滅	虢

밟을천	흙 토	모을회	맹세맹	어찌하	좇을준	언약약	법 법	나라한	해칠폐
踐	土	會	盟	何	遵	約	法	韓	弊

번거할번	형벌형	일어날기	갈길전	자못파	칠 목	쓸 용	군사군	가장최	정할정
煩	刑	起	翦	頗	牧	用	軍	最	精

베풀 선	위엄 위	모래 사	아득할 막	달릴 치	기릴 예	붉을 단	푸를 청	아홉 구	골 주
宣	威	沙	漠	馳	譽	丹	青	九	州

임금 우	자취 적	고을 군	일백 백	나라 진	아우를 병	메뿌리 악	마루 종	항상 항	메 대
禹	跡	郡	百	秦	幷	嶽	宗	恒	岱

터닦을선	임금주	이를운	정자정	기러기안	문 문	붉을자	변방새	닭 계	밭 전
禪	主	云	亭	雁	門	紫	塞	鷄	田
붉을적	재 성	맏 곤	못 지	돌 갈	돌 석	톱 거	들 야	골 동	뜰 정
赤	城	昆	池	碣	石	鉅	野	洞	庭

빌 광	멀 원	솜 면	멀 막	바위 암	메뿌리 추	아득할 묘	어두울 명	다스릴 치	근본 본
曠	遠	綿	邈	巖	岫	杳	冥	治	本

늘 어	농사 농	힘쓸 무	이 자	심을 가	거둘 색	비로소 숙	실을 재	남녘 남	이랑 묘
於	農	務	玆	稼	穡	俶	載	南	畝

나 아	심을예	기장서	피 직	구슬세	익을숙	바칠공	새 신	권할권	상줄상
我	藝	黍	稷	稅	熟	貢	新	勸	賞

내칠출	오를척	맏 맹	수레가	도타울돈	흴 소	사기사	고기어	잡을병	곧을직
黜	陟	孟	軻	敦	素	史	魚	秉	直

거의서	거의기	가운데중	떳떳용	수고로울로	겸손겸	삼갈근	칙서칙	들을령	소리음
庶	幾	中	庸	勞	謙	謹	勅	聆	音

살필찰	다스릴리	거울감	모양모	분변변	빛 색	줄 이	그 럴	아름다울가	피 유
察	理	鑑	貌	辨	色	貽	欤	嘉	猷

힘쓸면	그 기	공경지	심을식	살필성	몸 궁	기롱기	경계계	고일총	더할증
勉	其	祗	植	省	躬	譏	誡	寵	增

겨룰항	극진극	위태태	욕할욕	가까울근	부끄러울치	수풀림	언덕고	다행행	곧 즉
抗	極	殆	辱	近	恥	林	皐	幸	卽

두 량	트일 소	볼 견	틀 기	풀 해	인끈 조	누구 수	가까울 핍	찾을 색	살 거
兩	疏	見	機	解	組	誰	逼	索	居

한가한	곳 처	잠길 침	잠잠 묵	고요 적	고요 료	구할 구	예 고	찾을 심	의론 론
閒	處	沈	默	寂	寥	求	古	尋	論

흩을 산	생각 려	노닐 소	노닐 요	기쁠 흔	아뢸 주	여러 루	보낼 견	슬플 척	사례 사
散	慮	逍	遙	欣	奏	累	遣	慼	謝

기쁠 환	부를 초	개천 거	연 하	맞을 적	지날 력	동산 원	풀 망	뺄 추	가지 조
歡	招	渠	荷	的	歷	園	莽	抽	條

나무비	나무파	늦을만	푸를취	오동오	오동동	이를조	마를조	묵을진	뿌리근
枇	杷	晚	翠	梧	桐	早	凋	陳	根

버릴위	가릴예	떨어질락	잎사귀엽	날릴표	날릴요	놀 유	고기곤	홀로독	돌 운
委	翳	落	葉	飄	颻	遊	鯤	獨	運

능멸 능	만질 마	붉을 강	하늘 소	즐길 탐	읽을 독	구경 완	저자 시	붙일 우	눈 목
凌	摩	絳	霄	耽	讀	玩	市	寓	目

주머니 낭	상자 상	쉬울 이	가벼울 유	바 유	두려울 외	붙일 속	귀 이	담 원	담 장
囊	箱	易	輶	攸	畏	屬	耳	垣	墻

갖출구	반찬선	밥 손	밥 반	맞침적	입 구	채일충	창자장	배부를포	배부를어
具	膳	飧	飯	適	口	充	腸	飽	飫

삶을팽	재상재	주릴기	싫을염	재강조	겨 강	친할친	겨레척	연고고	예 구
烹	宰	飢	厭	糟	糠	親	戚	故	舊

늙을노	젊을소	다를이	양식량	첩 첩	모실어	질삼적	질삼방	모실시	수건건
老	少	異	糧	妾	御	績	紡	侍	巾

장막유	방 방	흰깁환	부채선	둥글원	맑을결	은 은	초불촉	빛날위	빛날황
帷	房	紈	扇	圓	潔	銀	燭	煒	煌

낮 주	졸 면	저녁석	잘 매	쪽 남	댓순순	코끼리상	상 상	줄 현	노래가
晝	眠	夕	寐	藍	筍	象	牀	弦	歌

술 주	잔치연	접할접	잔 배	들 거	잔 상	들 교	손 수	두드릴돈	발 족
酒	讌	接	盃	擧	觴	矯	手	頓	足

기쁠열	미리예	또 차	편안강	맏 적	뒤 후	이을사	이을속	제사제	제사사
悅	豫	且	康	嫡	後	嗣	續	祭	祀

찔 증	맛볼상	조을계	이마상	두 재	절 배	두려울송	두려울구	두려울공	두려울황
蒸	嘗	稽	顙	再	拜	悚	懼	恐	惶

편지전	편지첩	대쪽간	종요요	돌아볼고	대답답	찾을심	자세상	뼈 해	때 구
牋	牒	簡	要	顧	答	審	詳	骸	垢

생각상	목욕욕	잡을집	더울열	원할원	서늘량	나귀려	노새라	송아지독	소 특
想	浴	執	熱	願	凉	驢	騾	犢	特

놀랄해	뛸 약	뛸 초	달릴양	벨 주	벨 참	도둑적	도둑도	잡을포	얻을획
駭	躍	超	驤	誅	斬	賊	盜	捕	獲

반할반	도망망	베 포	쏠 사	멀 료	탄자환	메 혜	거문고금	성 완	수파람소
叛	亡	布	射	遼	丸	嵇	琴	阮	嘯

편안녑	붓 필	인륜륜	종이지	무거울균	공교교	맡길임	낚시	놓을석	어지러울분
恬	筆	倫	紙	鈞	巧	任	釣	釋	紛

이할리	풍속속	아우를병	다 개	아름다울가	묘할묘	터럭모	베풀시	맑을숙	모양자
利	俗	竝	皆	佳	妙	毛	施	淑	姿

장인공	찡그릴빈	고을연	웃음소	해 년	살 시	매양매	재촉최	복희회	날빛휘
工	嚬	妍	笑	年	矢	每	催	羲	暉

밝을랑	빛날요	구슬선	구슬기	달 현	돌 알	그믐회	넋 백	고리환	비칠조
朗	曜	璇	璣	懸	斡	晦	魄	環	照

가리킬지	섶 신	닦을수	복 우	길 영	편안유	길할길	높을소	법 구	걸음보
指	薪	修	祐	永	綏	吉	邵	矩	步
이끌인	거느릴령	굽으릴부	우럴앙	행랑랑	사당묘	묶을속	띠 대	자랑긍	씩씩할장
引	領	俯	仰	廊	廟	束	帶	矜	莊

배회배	배회회	볼 첨	볼 조	외로울고	더러울루	적을과	들을문	어리석을우	어릴몽
徘	徊	瞻	眺	孤	陋	寡	聞	愚	蒙

무리등	꾸짖을초	이를위	말씀어	도울조	놈 자	이끼언	이끼재	온 호	이끼야
等	誚	謂	語	助	者	焉	哉	乎	也

假	仮	거짓가 / 亻ㄷㅛ	仮						
價	価	값가 / 亻ㄷㅛ	価						
覺	覚	깨달을각 / 学見	覚						
擧	挙	들거 / 兴于	挙						
監	监	볼감 / ㅣㅅ숲ㅛ	監						
檢	検	검할검 / 木ㅅ슾	検						
輕	軽	가벼울경 / 車スユ	軽						
經	経	경서경 / 糸スユ	経						
繼	継	이을계 / 糸ㄴ긋ㄴ	継						
權	権	권세권 / 木ナ彳主	権						
劇	劇	심할극 / ㅏㅎ릭ㅣ	劇						
歸	敀	돌아올귀 / 白攵	敀						
氣	気	기운기 / 气ㅅ	気						
斷	断	끊을단 / 斷	断						

擔	担	멜담 ㄱㅏㄷ	担					
當	当	마땅할당 ㅏㄱㅡ	当					
黨	党	무리당 ㅇㅡㄴ	党					
對	対	대할대 ㅈㅓ	対					
臺	台	집대 ㅅㄱㅡ	台					
圖	図	그림도 ㅁㅆ	図					
讀	読	읽을독 ㅎㅏㅎ	読					
樂	楽	즐길락(악) ㅂㅡㅅ	楽					
亂	乱	어지러울란 ㅎㅁㄴ	乱					
來	来	올래 ㅡㅅ	来					
兩	両	두양 ㅏㄴ	両					
勵	励	힘쓸려 ㅎㅗㄹㄱ	励					
戀	恋	그리워할련 ㅎㅇㅅ	恋					
靈	灵	신령영 ㄱㅛㅅ	灵					

禮	礼	예도례	礼						
勞	労	힘쓸로	労						
離	难	떨어질리	难						
灣	湾	물굽이만	湾						
麥	麦	보리맥	麦						
發	発	필발	発						
辯	弁	말잘할변	弁						
邊	辺	갓변	辺						
寶	宝	보배보	宝						
佛	仏	부처불	仏						
寫	写	베낄사	写						
絲	糸	실사	糸						
辭	辞	말씀사	辞						
雙	双	쌍쌍	双						

한자의 필순 (畫順)

1. 왼편에서 오른편으로

    川→ㄓㄌ川   州→丶ㄓㄊ州州   明→日明   術→彳術術

2. 위에서 아래로

    三→一二三   言→言言言言   昌→日昌   憲→宀害憲

3. 가운데를 中心으로 하여 左右 모양이 같은 것은 복판부터

    小→亅小   山→丨山山   水→亅才水   樂→白樂樂樂   變→言緣變變

    帶→一廿卅冊帶   普→艹廿並並普   常→⺌⺌⺌常常   象→⺈⺈⺈⺈象象

    衆→血血血血衆

4. 복판을 꿰뚫는 畫은 맨 나중에

    (ㄱ) 中→口中   牛→ノ⺧牛   半→ノ丷丷半   甲→丨冂日甲   車→一百百車

    事→一一一百百写事

    (ㄴ) 子→フ了子   女→ㄥ女女   母→ㄥ口口母母   册→丿冂册册   舟→ノ冂冂舟舟

5. (ㄱ) 가로획과 세로획이 겹칠 때는 가로획을 먼저

    十→一十   井→一二井井   共→一卄共共共   弗→フ弓弗弗

    ※ 그러나 겹치지 않고 마주를 때는 이와 다르다.

    土→一十土   王→一二干王   重→一二千百重重重

    (ㄴ) 삐침과 파임이 겹칠 때는 삐침을 먼저

    人→ノ人   又→フ又   父→丶丶ク父   交→一二六交交   各→ノク久各各

    夫→一二チ夫   史→丨口史史

    ※ 위의 原則을 綜合한 것

    東→一一一一百百車東東   乘→ノ二千千禾乖乘乘

6. (ㄱ) 위로 에운 것은 둘레를 먼저

    日→丨冂日日   田→丨冂日田田   用→ノ冂月月用   內→丨冂內內

    西→一冂冂西西   再→一一冂冂再再

    (ㄴ) 아래를 에운 획은 나중에

    比→ㅏㅏ比比   北→丨ㅏㅏ北北   世→一十廿世   也→フ也也   色→ノク名色色

    邑→口吕邑邑邑   止→丨卜止止   定→宀宀宀定定   區→一厂厂品區

    (ㄷ) 丿 획은 먼저

    刀→フ刀   力→フ力   方→丶一方方   勿→ク勹勿勿   易→丨日日易易

    場→十土坦坦坦坦場場   菊→艹艹荷苟菊菊 (卩→フ卩, 阝→フ 阝)

7. 이 밖에 特殊한 것.

    戶→一二三戶   虎→卜卜卢卢虎虎   處→卜卢卢虍虎處處   左→一ナ左左

    右→ノナ右右   有→ノナ冇有有有

部首名稱 (부수명칭)

1 획
부수	명칭
一	한일
丨	뚫을곤
丶	점
丿	삐침
乙(乚)	새을
亅	갈구리궐

2 획
부수	명칭
二	두이
亠	돼지해머리
人(亻)	사람인변
儿	어진사람인발
入	들입
八	여덟팔
冂	멀경몸
冖	민갓머리
冫	이수변
几	안석궤
凵	위튼입구몸
刀(刂)	칼도
力	힘력
勹	쌀포몸
匕	비수비
匚	튼입구몸
匸	감출혜몸
十	열십
卜	점복
卩(㔾)	병부절
厂	민엄호
厶	마늘모
又	또우

3 획
부수	명칭
夂	천천허걸을쇠발
夕	저녁석
大	큰대
女	계집녀
子	아들자
宀	갓머리
寸	마디촌
小	작을소
尢(兀)	절름발이왕
尸	주검시엄
屮	왼손좌
山	메산
巛(川)	개미허리
工	장인공
己	몸기
巾	수건건
干	방패간
幺	작을요
广	엄호밑
廴	민책받침
廾	스물입발
弋	주살익
弓	활궁
彐(彑)	튼가로왈
彡	터럭삼방
彳	두인변

4 획
부수	명칭
心(忄)	마음심
戈	창과
戶	지게호
手(扌)	손수
支	지탱할지
攴(攵)	등글월문
文	글월문
斗	말두
斤	날근
方	모방
无(旡)	이미기방
日	날일
曰	가로왈
月	달월
木	나무목
欠	하품흠방
止	그칠지
歹(歺)	죽을사변
殳	갖은둥글월문
毋	말무
比	견줄비
毛	털모
氏	각시씨
气	기운기엄
水(氵)	물수
火(灬)	불화
爪(爫)	손톱조머리
父	아비부
爻	점괘효
爿	장수장변
片	조각편
牙	어금니아
牛	소우변
犬(犭)	개견
王(玉)	구슬옥변
⺹(老)	늙을로엄
阝(邑)	우부방
阝(阜)	좌부방
口	입구변
囗	큰입구몸
土	흙토
士	선비사
夊	뒤져올치

5 획
부수	명칭
玄	검을현
玉(王)	구슬옥
瓜	외과
瓦	기와와
甘	달감
生	날생
用	쓸용
田	밭전
疋	필필
疒	병질엄
癶	필발머리
白	흰백
皮	가죽피
皿	그릇명밑
目(罒)	눈목
矛	창모
矢	화살시
石	돌석
示(礻)	보일시변
内	짐승발자국유
禾	벼화
穴	구멍혈
立	설립

6 획
부수	명칭
竹	대죽
米	쌀미
糸	실사
缶	장군부
网(罒·㓁)	그물망
羊(𦍌)	양양
羽	깃우
老(耂)	늙을로
而	말이을이
耒	가래뢰
耳	귀이
聿	오직율
肉(月)	고기육
臣	신하신
自	스스로자
至	이를지
臼	절구구
舌	혀설
舛(牟)	어그러질천
舟	배주
艮	괘이름간
色	빛색
艸(艹)	초두
虍	범호밑
虫	벌레훼
血	피혈
行	다닐행
衣(衤)	옷의
襾	덮을아

7 획
부수	명칭
見	볼견
角	뿔각
言	말씀언
谷	골곡
豆	콩두
豕	돼지시
豸	발없는벌레치
貝	조개패
赤	붉을적
走	달아날주
足	발족
身	몸신
車	수레거
辛	매울신
辰	별신
辵(辶)	책받침
邑(阝)	고을읍
酉	닭유
釆	분별할채
里	마을리

8 획
부수	명칭
金	쇠금
長(镸)	길장
門	문문
阜(阝)	언덕부
隶	미칠이
隹	새추
雨	비우
靑	푸를청
非	아닐비

9 획
부수	명칭
面	낯면
革	가죽혁
韋	다룬가죽위
韭	부추구
音	소리음
頁	머리혈
風	바람풍
飛	날비
食(飠)	밥식

10 획
부수	명칭
馬	말마
骨	뼈골
高	높을고
髟	터럭발밑
鬥	싸움투
鬯	울창주창
鬲	오지병격
鬼	귀신귀

11 획
부수	명칭
魚	고기어
鳥	새조
鹵	잔땅로
鹿	사슴록
麥	보리맥
麻	삼마

12 획
부수	명칭
黃	누를황
黍	기장서
黑	검을흑
黹	바느질치

13 획
부수	명칭
黽	맹꽁이맹
鼎	솥정
鼓	북고
鼠	쥐서

14 획
부수	명칭
鼻	코비
齊	가지런할제

15 획
부수	명칭
齒	이치

16 획
부수	명칭
龍	용룡
龜	거북귀

17 획
부수	명칭
龠	피리약변

경조·증품(慶吊·贈品)用語 쓰기

入學	卒業	合格	結婚	寸志	賻儀	謹弔	當選	優勝	薄禮
입학	졸업	합격	결혼	촌지	부의	근조	당선	우승	박례
入學	卒業	合格	結婚	寸志	賻儀	謹弔	當選	優勝	薄礼
입학	졸업	합격	결혼	촌지	부의	근조	당선	우승	박례

漢字의 數字 標記法

一					萬				
二					億				
三					兆				
四					弗				
五					整				
六					壱				
七					弐				
八					參				
九					拾				
十					千				
壹					萬				
貳					億				
參					兆				
拾					弗				
千					整				

아라비아 숫자 쓰는 법

1 2 3 4 5 6 7 8 9 0

1 2 3 4 5 6 7 8 9 0

1 2 3 4 5 6 7 8 9 0

1 2 3 4 5 6 7 8 9 0 1 2 3 4 5 6 7 8 9 0

1 2 3 4 5 6 7 8 9 0 1 2 3 4 5 6 7 8 9 0

72,356,180,934   6,973,524,806

※ 본글씨를 잘 관찰한 다음, 특히 펜을 가볍게 운필하여 경사각도에 주의하여 연습하기 바란다.

常用千八百字
文教部選定基礎漢字

常用初級漢字 900字

가 佳 아름다울
　家 집
　歌 노래
　價 값
　可 옳을
　加 더할
　假 빌
　街 거리
각 各 각각
　角 모
　脚 다리
간 干 방패
　間 사이
　看 볼
갈 渴 목마를
감 感 느낄
　減 덜
　敢 용감할
　甘 달
갑 甲 갑옷
강 降 내릴
　江 강
　講 강론할
　強 강할
개 開 열
　改 고칠
　個 낱
　皆 다
객 客 손
갱 更 고칠
거 去 갈
　巨 클
　居 살
　擧 들
　車 수레
건 建 세울
　乾 마를
견 見 볼
　堅 굳을
　犬 개
결 潔 조촐할

結 맺을
決 결단할
경 驚 놀란
　京 서울
　輕 가벼울
　敬 공경
　景 빛갈
　耕 경사
　慶 경사
　競 다툴
　經 날
　庚 천간
계 溪 시내
　季 계절
　界 지경
　計 헤아릴
　鷄 닭
　癸 북방
고 故 연고
　告 고할
　固 마를
　考 상고할
　古 옛
　高 높을
　苦 괴로울
곡 谷 골짜기
곤 困 곤할
골 骨 뼈
공 空 빌
　工 장인바지
　公 귀인
　共 한가지
　功 공
과 過 지날
　課 구실
　科 과정
　果 열매
관 觀 볼
　關 빗장
광 光 빛
　廣 넓을
교 交 사귈
　校 학교
　橋 다리
　敎 가르칠
구 九 아홉
　求 구할

口 입구
救 구원할
究 궁리할
久 오랠
句 글귀
국 舊 옛적
　國 나라
군 郡 고을
　軍 군사
　君 임금
궁 弓 활
　卷 책
권 權 권세
　勸 권할
귀 貴 귀할
　歸 돌아갈
균 均 고를
극 極 다할
　克 이길
근 近 가까울
　勤 부지런한
　根 뿌리
금 金 쇠
　今 이제
　禁 금할
급 急 급할
　給 줄
　及 미칠
기 旣 이미
　幾 몇
　氣 기운
　起 일어날
　記 기록할
　其 그
　基 터
　己 몸
　技 재주
　期 기약할
길 吉 좋을
난 暖 따뜻할
　難 어려울
남 南 남쪽
　男 사내
내 內 안
　乃 이에
녀 女 계집
년 年 해

념 念 생각할
노 怒 성낼
농 農 농사
능 能 능할
다 多 많을
단 丹 붉을
　但 다만
　單 홀
　短 짧을
　端 끝
달 達 통달할
담 談 말씀
답 答 대답할
당 堂 집
　當 마땅할
대 大 큰
　代 대신
　對 대할
　待 기다릴
덕 德 큰
도 度 법도
　到 이를
　島 섬
　道 길
　徒 무리
　都 도읍
　刀 칼
　圖 그림
독 讀 읽을
　獨 홀로
동 同 한가지
　東 동녘
　冬 겨울
　動 움직일
　洞 마을
　童 아이
두 斗 말
　頭 머리
　豆 콩
득 得 얻을
등 等 무리
　登 오를
　燈 등불
락 落 떨어질
　樂 즐길
란 卵 알
랑 浪 물결

船	배	仕	벼슬	房	방	忘	잊을	郞	사내
選	고를	四	넉	放	놓을	買	살	朗	달밝을
善	착할	師	스승	訪	물을	賣	팔	來	올
說	말씀	寺	절	拜	절	每	매양	冷	찰
雪	눈	死	죽을	杯	잔	妹	누이	凉	서늘할
設	베풀	士	선비	白	흰	麥	보리	量	헤어질
姓	성	使	부릴	百	일백	面	낯	良	어질
城	성벽	絲	실	番	차례	眠	잠잘	兩	둘
誠	정성	事	일	伐	칠	免	면할	旅	나그네
省	살필	思	생각할	凡	무릇	勉	힘쓸	歷	겪을
成	이룰	舍	집	法	법	鳴	울	力	힘
聖	성인	史	사기	變	변할	明	밝을	連	이을
星	별	謝	사례할	別	이별	命	목숨	練	겪을
性	성품	射	쏠	兵	군사	名	이름	列	벌릴
聲	소리	巳	뱀	病	병들	母	어미	烈	매울
盛	성할	私	사사	丙	남녘	毛	털	領	거느릴
稅	구실	山	뫼	報	갚을	暮	저물	令	하여금
世	대	産	낳을	步	걸음	木	나무	禮	예도
歲	나이	散	헤어질	保	보전할	目	눈	例	법식
細	가늘	算	셈놓을	福	복	妙	묘할	路	길
勢	형세	殺	죽일	伏	엎드릴	卯	토끼	老	늙을
洗	씻을	三	석	服	옷	茂	성할	勞	수고로울
笑	웃을	尙	오히려	復	회복할	武	호반	露	이슬
小	작을	霜	서리	本	밑	舞	춤	綠	푸를
少	적을	上	위	奉	받들	無	없을	論	의논할
所	곳	商	장사	逢	만날	務	힘쓸	料	될
消	사라질	相	서로	浮	뜰	戊	다섯째 천간	流	흐를
素	흴	常	항상	扶	붙들	墨	먹	柳	버들
續	이을	傷	상할	否	아닐	門	문	留	머무를
俗	풍속	賞	상줄	父	아비	問	물을	六	여섯
孫	겸손할	想	생각할	富	넉넉할	聞	들을	陸	뭍
送	보낼	喪	죽을	夫	지아비	文	글	倫	인륜
松	소나무	色	빛	婦	며느리	勿	말	律	법
誰	누구	生	낳을	部	거느릴	物	물건	理	다스릴
愁	근심	西	서쪽	北	북녘	尾	꼬리	利	이할
水	물	書	글	分	나눌	米	쌀	里	마을
手	손	暑	더울	佛	부처	美	아름다울	林	수풀
受	받을	序	차례	不	아니	未	아닐	立	설
數	샘	昔	옛	朋	벗	味	맛	馬	말
收	거둘	惜	아낄	飛	날	民	백성	莫	말
守	지킬	夕	저녁	比	견줄	密	빽빽할	萬	일만
授	줄	石	돌	鼻	코	半	절반	滿	찰
壽	목숨	席	자리	悲	슬플	飯	먹을	晚	늦을
樹	나무	仙	신선	備	갖출	反	돌이킬	末	끝
修	닦을	線	줄	非	아닐	發	필	忙	바쁠
首	머리	先	먼저	貧	가난할	防	막을	亡	망할
		鮮	고울	氷	얼음	方	모	望	보름

引	당길
仁	어질
認	알
寅	범
日	날
壹	한
壬	북쪽
入	들
子	아들
自	스스로
字	글자
者	놈
姉	만누이
慈	사랑할
作	지을
昨	어제
長	길
將	장수
場	장소
章	글월
壯	장할
在	있을
再	두
財	재물
材	재목
才	재주
栽	심을
哉	비로소
爭	다툴
貯	쌓을
低	낮을
著	지을
的	과녁
赤	붉을
適	맞을
敵	대적할
典	법
前	앞
田	밭
全	온전
錢	돈
展	펼
戰	싸움
電	번개
傳	전할
絶	끊을
月	달
偉	클
位	자리
危	위태할
爲	할
威	위엄
唯	오직
油	기름
幼	어릴
有	있을
遊	놀
由	까닭
遺	끼칠
柔	유순할
酉	닭
肉	고기
育	기를
恩	은혜
銀	돈
乙	새
吟	읊을
音	소리
陰	그늘
飮	마실
邑	골
泣	우는소리
應	응할
醫	병고칠
意	뜻
衣	옷
依	의지할
義	옳을
議	의논할
矣	어조사
二	두
以	써
異	다를
移	옮길
貳	두
耳	귀
已	이미
而	말이을
益	더할
忍	참을
因	인연
人	사람
印	도장
永	길
英	꽃부리
迎	맞을
藝	재주
吾	나
五	다섯
午	낮
悟	깨달을
誤	그릇할
烏	까마귀
屋	집
玉	구슬
溫	따뜻할
臥	누울
瓦	기와
完	완전할
曰	가로되
王	임금
往	갈
外	밖
要	구할
欲	탐낼
浴	목욕할
用	쓸
容	얼굴
勇	날랠
于	어조사
宇	집
憂	근심
右	오른쪽
雨	비
友	벗
牛	소
又	또
遇	만날
尤	더욱
雲	구름
云	이를
運	운전할
雄	수컷
圓	둥글
遠	멀
怨	원망할
願	원할
原	언덕
園	동산
元	으뜸
案	상고할
安	편안할
眼	눈
巖	바위
暗	어두울
仰	우러러볼
愛	사랑
哀	슬플
也	또한
野	들
夜	밤
藥	약
弱	약할
若	같을
約	기약할
洋	큰바다
讓	사양할
陽	볕
羊	양
養	기를
揚	날릴
魚	물고기
漁	고기잡을
語	말씀
於	대신할
億	억
憶	기억할
言	말씀
嚴	엄할
業	일
如	같을
余	나
汝	너
餘	남을
與	더불어
亦	또
逆	거스릴
易	바꿀
煙	연기
硏	갈
然	그럴
硯	벼루
熱	더울
悅	기쁠
炎	불꽃
葉	잎
榮	영화
秀	빼어날
須	모름지기
雖	비록
淑	맑을
宿	잘
叔	아저씨
順	순할
純	순전할
戌	개
崇	높을
習	익힐
拾	주울
勝	이길
乘	탈
承	이을
時	때
市	시장
詩	글
示	보일
始	비로소
試	시험할
是	옳을
施	베풀
視	볼
氏	성
植	심을
食	밥
式	법
識	알
新	새
身	몸
信	믿을
神	귀신
臣	신하
辛	쓸
申	납
室	집
失	잃을
實	열매
心	마음
深	깊을
甚	심할
十	열
我	나
兒	아이
惡	악할
顔	얼굴

음	한자	뜻
절	節	마디
점	店	가게
접	接	이을
정	正	바를
	井	우물
	淨	깨끗할
	定	정할
	丁	고무래
	停	머무를
	庭	뜰
	政	정사
	精	정기
	情	뜻
	貞	곧을
	頂	이마
	靜	고요할
제	弟	아우
	第	차례
	製	만들
	祭	제사
	題	글제
	帝	임금
	諸	모든
	除	덜
조	造	지을
	朝	아침
	鳥	새
	助	도울
	祖	할아버지
	調	고를
	早	일찍
	兆	억조
족	足	발
	族	겨레
존	存	있을
	尊	높을
졸	卒	군사
종	種	씨
	鍾	쇠북
	終	마칠
	從	좇을
	宗	마루
좌	坐	앉을
	左	왼쪽
죄	罪	허물
주	宙	집
	酒	술
	朱	붉을
	晝	낮
	主	임금
	走	달아날
	注	물댈
	住	머무를
죽	竹	대
중	中	가운데
	重	무거울
	衆	무리
즉	卽	곧
증	證	증거할
	增	더할
	曾	일찍
지	只	다만
	地	땅
	紙	종이
	至	이를
	支	지탱할
	知	알
	指	손가락
	志	뜻
	之	갈
	止	그칠
	持	가질
	枝	가지
직	直	곧을
진	盡	다할
	辰	별
	進	나아갈
	眞	참
질	質	바탕
집	執	잡을
	集	모을
	且	또
차	此	이
	次	다음
	借	빌릴
찰	察	살필
참	參	셋
창	昌	창성할
	唱	노래부를
	窓	창문
채	菜	나물
	採	캘
책	責	꾸짖을
	冊	책
처	妻	아내
	處	곳
척	尺	자
천	千	일천
	天	하늘
	川	내
	泉	샘
	淺	얕을
철	鐵	쇠
청	靑	푸를
	晴	날맑을
	請	청할
	淸	맑을
	聽	들을
체	體	몸
초	草	풀
	初	처음
	招	부를
촌	村	마을
	寸	마디
최	最	첫째
	催	재촉할
추	秋	가을
	追	쫓을
	推	가릴
축	祝	빌
	丑	소
춘	春	봄
출	出	낼
충	忠	충성
	蟲	벌레
	充	채울
취	吹	불
	取	취할
	就	이룰
치	致	이룰
	治	다스릴
	齒	이
칙	則	법
친	親	친할
침	針	바늘
쾌	快	상쾌할
타	他	다를
	打	칠
	墮	떨어질
탈	脫	벗을
탐	探	찾을
태	泰	클
	太	클
토	土	흙
통	通	통할
	統	거느릴
퇴	退	물러갈
투	投	던질
특	特	특별
파	波	물결
	破	깨뜨릴
판	判	쪼갤
패	敗	패할
	貝	조개
편	便	편할
	篇	책
	片	조각
평	平	편할
폐	閉	닫을
포	抱	안을
	布	베
폭	暴	사나울
표	表	겉
품	品	물건
풍	豐	풍년
	風	바람
	楓	단풍나무
피	彼	저
	皮	가죽
필	匹	짝
	必	반드시
	筆	붓
하	下	아래
	何	어찌
	夏	여름
	河	물
	賀	축하
학	學	배울
한	恨	한할
	寒	추울
	漢	한나라
	韓	한나라
	閑	한가할
	限	한정
합	合	합할
항	恒	항상
해	海	바다
	害	해로울
	解	풀
	亥	돼지
행	行	행할
	幸	요행
향	香	향기
	鄕	시골
	向	향할
허	許	허락할
	虛	빌
현	現	지금
	賢	어질
혈	血	피
협	協	화합할
형	兄	맏
	形	형상
	刑	형벌
혜	惠	은혜
호	湖	호수
	戶	지게
	呼	부를
	號	부를
	好	좋을
	虎	범
혹	或	혹시
혼	混	섞일
	婚	혼인
홍	紅	붉을
화	火	불
	化	변화할
	貨	재물
	花	꽃
	華	빛날
	話	말씀
	和	화할
	畫	그림
환	歡	기쁠
	患	근심
활	活	살
황	黃	누를
	皇	임금
회	廻	돌아올
	會	모을
효	孝	효도
	效	보람
후	厚	두터울
	後	뒤
훈	訓	가르칠

휴	休	쉴
흉	凶	흉할
	胸	가슴
흑	黑	검을
흥	興	일어날
희	喜	기쁠
희	希	바랄

常用 高級漢字 900字

가	架	시렁
	暇	한가할
각	却	물리칠
	覺	깨달을
	刻	새길
	閣	집
간	肝	간
	幹	줄기
	簡	편지
	懇	간절할
	刊	새길
	姦	간사할
감	鑑	거울
	監	살필
강	剛	굳셀
	鋼	강철
	綱	벼리
	康	편할
개	槪	대개
	慨	분할
	介	낄
	蓋	덮을
거	距	이를
	據	의지할
	拒	막을
건	健	굳셀
	件	물건
걸	傑	준걸
검	儉	검소할
	劍	칼
	檢	검사할
게	憩	쉴
격	格	격식
	擊	칠

격	激	심할
견	遣	보낼
	絹	비단
	肩	어깨
결	缺	이지러질
겸	兼	겸할
	謙	겸손할
경	境	지경
	警	경계할
	頃	잠깐
	鏡	거울
	傾	가파를
	硬	단단할
	竟	마칠
	徑	지름길
	卿	벼슬
계	啓	열
	契	문서
	械	기계
	繼	이을
	系	맬
	戒	경계할
	係	맬
	階	섬돌
	桂	계수나무
고	枯	마른나무
	雇	머슴
	顧	돌아볼
	庫	창고
	鼓	북
	孤	외로울
	姑	시어미
	稿	볏짚
곡	曲	굽을
	穀	곡식
	哭	울
곤	坤	땅
공	孔	구멍
	恭	공순할
	恐	두려울
	攻	칠
	供	베풀
	貢	바칠
과	戈	창
	瓜	외
	寡	홀어미
	誇	자랑할

곽	郭	외성
관	廓	클
	寬	너그러울
	冠	갓쓸
	館	집
	官	벼슬
	管	대롱
	慣	익을
	貫	꿸
광	鑛	덩이
괘	掛	걸
괴	塊	흙덩이
	壞	무너뜨릴
	愧	회화나무
	怪	기이할
교	矯	바를
	郊	들
	巧	공교할
	較	비교할
구	構	이룰
	俱	한가지
	驅	몰
	球	공
	具	갖출
	區	나눌
	拘	잡을
	丘	언덕
	苟	겨우
	狗	개
	懼	두려울
	鷗	갈매기
	龜	나라이름
국	局	판
	菊	국화
군	群	무리
굴	屈	굽을
궁	窮	다할
	宮	궁궐
권	卷	문서
	拳	주먹
궐	厥	그
귀	鬼	귀신
규	叫	부르짖을
	規	법
	圍	계집
균	菌	곰팡이
극	劇	심할

근	謹	삼갈
	斤	열여섯냥
	僅	겨우
금	錦	비단
	禽	새
	琴	거문고
급	級	등급
긍	肯	즐길
기	祈	빌
	忌	꺼릴
	棄	버릴
	欺	속일
	豈	어찌
	奇	이상할
	器	그릇
	騎	말탈
	旗	깃발
	機	틀
	紀	벼리
	寄	붙일
	企	바랄
	畿	경기
	飢	주릴
긴	緊	긴요할
나	那	어찌
낙	諾	허락할
납	納	들일
낭	娘	아씨
내	奈	어찌
	耐	견딜
녕	寧	편안
노	奴	종
	努	힘쓸
농	濃	진할
뇌	腦	골
	惱	고달플
니	泥	수렁
다	茶	차
단	檀	박달나무
	壇	제터
	斷	끊을
	段	층
	旦	아침
	團	둥글
담	擔	멜
	淡	맑을
	潭	연못

답	踏	밟을
	畓	논
당	糖	엿
	黨	무리
	唐	당나라
대	臺	집
	隊	떼
	帶	띠
	貸	빌릴
도	途	길
	稻	벼
	挑	이끌
	盜	도둑
	逃	도망할
	導	인도할
	桃	복숭아
	跳	뛸
	倒	거꾸러질
	渡	건널
	陶	질그릇
독	篤	도타울
	毒	독할
	督	거느릴
돈	豚	돼지
	敦	도타울
돌	突	부딪칠
동	凍	얼
	銅	구리
	桐	오동
둔	鈍	우둔할
라	羅	벌일
락	絡	이을
	洛	낙수
란	卵	알
	亂	어지러울
	蘭	난초
	欄	난간
	爛	촛불빛
람	覽	볼
	藍	큰등롱
	濫	넘칠
랑	廊	곁채
략	略	간략할
	掠	빼앗을
량	諒	믿을
	梁	들보
	糧	양식

려	慮 생각	만	慢 게으를		拍 손뼉칠		蜂 벌		斯 이
	麗 고울		蠻 오랑캐		泊 정박할		鳳 봉황		祀 제사
	勵 가다듬을		漫 부질없을	반	盤 소반	부	符 병부	삭	削 깎을
력	曆 달력	망	茫 망망할		返 돌아올		赴 다다를		朔 초하루
련	鍊 단련할		妄 망녕될		班 나눌		賦 구실	산	酸 실
	憐 불쌍할		罔 없을		叛 배반할		膚 살	삼	森 숲
	聯 이을	매	梅 매화나무		般 일반		簿 문서	상	詳 자세할
	戀 사랑할		埋 묻을	발	髮 머리카락		副 버금		償 갚을
	蓮 연밥		媒 중매		拔 뺄		付 부칠		床 평상
렬	裂 찢어질	맥	脈 맥	방	芳 꽃다울		負 질		像 모양
	劣 용렬할	맹	孟 맏		傍 곁		附 붙일		狀 형상
렴	廉 청렴할		盟 맹약		妨 해로울		府 마을		象 코끼리
령	靈 무당		盲 어두울		邦 나라		腐 썩을		裳 치마
	零 떨어질		猛 날랠		倣 본받을	분	墳 무덤		桑 뽕나무
	嶺 고개	면	綿 솜	배	倍 곱		奔 달아날		嘗 맛볼
로	爐 화로	멸	滅 멸할		培 북돋울		紛 분잡할		祥 자세할
록	綠 녹봉	명	冥 어두울		配 짝		憤 분할	쌍	雙 짝
	錄 기록할		銘 새길		輩 무리		粉 가루	새	塞 변방
	鹿 사슴	모	貌 얼굴		背 등		奮 떨칠	색	索 찾을
롱	弄 희롱할		某 아무		排 떠밀	불	拂 떨칠	서	叙 베풀
뢰	雷 우뢰		謀 꾀	백	伯 맏		弗 아닐		緒 실마리
	賴 힘입을		模 법		栢 칙나무	붕	崩 산무너질		庶 무리
료	了 마칠		募 모을	번	煩 민망할	비	費 허비할		署 관청
룡	龍 용		慕 생각할		繁 성할		祕 비밀할		徐 천천할
루	累 어러		矛 세모진창		飜 뒤칠		婢 계집종		恕 용서할
	淚 눈물	목	牧 기를	벌	罰 벌줄		肥 살찔	석	析 나눌
	樓 다락		沐 목욕할	범	犯 범할		卑 낮을		釋 풀릴
	漏 샐		睦 화목할		範 법		批 밀칠	선	旋 돌이킬
	屢 여러	몰	沒 빠질		氾 넘칠		妃 짝		宣 베풀
류	類 같을	몽	夢 꿈	벽	壁 벽		碑 비석		禪 전위할
륜	輪 바퀴		蒙 어릴		碧 푸를	빈	賓 손님	설	舌 혀
률	栗 밤	묘	墓 무덤		襞 바람		頻 자주	섭	涉 건널
	率 비율		廟 사당	변	辯 말잘할	빙	聘 부를	소	蘇 깨어날
륭	隆 높을		苗 싹		邊 가	사	蛇 뱀		昭 밝을
릉	陵 능	무	貿 무역할		辨 분별할		詞 말		騷 소동할
리	離 떠날		霧 안개		遍 두루		捨 버릴		燒 태울
	裏 속	묵	默 잠잠할	병	竝 짝할		邪 간사할		訴 송사할
	梨 배	미	眉 눈썹		屛 병풍		賜 줄		召 부를
	履 신		迷 미혹할	보	寶 보배		斜 비낄		掃 쓸
	李 오얏		微 적을		普 넓을		詐 속일		蔬 나물
	吏 아전	민	敏 민첩할		補 기울		社 사직		疎 성길
린	隣 이웃		憫 딱할		譜 족보		沙 모래	속	束 묶을
림	臨 다다를		蜜 꿀	복	卜 점칠		司 맡을		屬 붙일
마	磨 갈	박	博 넓을		腹 배		似 같을		粟 조
	麻 삼		朴 클		複 겹옷		査 조사할	손	損 덜
막	幕 장막		薄 엷을	봉	封 봉할		寫 글씨	송	訟 송사할
	漠 아득할		迫 핍박할		峯 봉우리		辭 말씀		頌 칭송할

음	한자	뜻
	誦	욀
쇄	刷	박을
	鎖	자물쇠
쇠	衰	쇠할
수	遂	드디어
	獸	짐승
	睡	잘
	輸	보낼
	殊	다를
	帥	장수
	需	음식
	隨	따를
	囚	가둘
숙	肅	엄숙할
	熟	익을
	孰	누구
순	循	돌
	盾	방패
	巡	돌
	瞬	눈깜작일
	旬	열흘
	脣	입술
	殉	따라죽을
술	術	재주
	述	지을
습	濕	젖을
	襲	덮칠
승	升	되
	昇	오를
	僧	중
시	侍	모실
	矢	살
식	飾	꾸밀
	息	숨쉴
신	伸	펼
	愼	삼가할
	晨	새벽
심	尋	찾을
	審	살필
아	芽	싹
	亞	다음
	雅	아담할
	阿	누구
	牙	어금니
	餓	굶주릴
악	岳	산
안	岸	언덕
알	雁	기러기
	謁	뵈일
압	壓	누를
앙	央	가운데
	殃	앙화
애	涯	물가
액	額	이마
	厄	재앙
야	耶	어조사
양	樣	모양
	壤	흙
	楊	버들
어	御	모실
억	抑	누를
언	焉	어찌
여	予	줄
	輿	수레
역	疫	병
	驛	역말
	役	부릴
	域	지경
	譯	번역할
연	燕	제비
	燃	불땔
	演	통할
	鉛	납
	延	미칠
	軟	부드러울
	沿	쫓을
	宴	잔치
	緣	인연
	鹽	소금
	染	물들일
영	影	그림자
	泳	헤엄칠
	營	진
	映	비칠
	詠	읊을
예	豫	미리
	譽	칭찬할
	銳	날카로울
오	嗚	탄식할
	娛	즐길
	汚	더러울
	梧	오동
옥	屋	집
	獄	우리
옹	翁	늙은이
완	緩	늘어질
외	畏	두려울
요	搖	흔들
	謠	노래
	腰	허리
	遙	멀
욕	辱	욕될
	慾	욕심
용	庸	떳떳할
우	羽	깃
	愚	어리석을
	優	넉넉할
	郵	우편
	偶	짝
운	韻	울림
원	員	사람
	援	구원할
	源	근원
	院	집
월	越	넘을
위	僞	거짓
	緯	씨
	胃	밥통
	圍	에워쌀
	委	맡길
	衛	호위할
	違	어길
	慰	위로할
	謂	이를
유	猶	같을
	儒	선비
	幽	깊을
	惟	생각할
	維	맬
	乳	젖
	裕	넉넉할
	誘	꾀일
	悠	멀
윤	潤	윤택할
	閏	윤달
은	隱	숨을
음	淫	음탕할
의	儀	거동
	疑	의심
	宜	마땅
이	夷	오랑캐
익	翼	날개
인	刃	칼날
	姻	혼인
일	逸	놓일
임	任	맡길
	賃	빌릴
자	資	재물
	姿	맵시
	刺	찌를
	玆	이
	雌	암컷
	紫	자주빛
	恣	방자할
작	酌	술
	爵	벼슬
잔	殘	나머지
잠	潛	잠길
	蠶	누에
	暫	잠간
잡	雜	섞을
장	丈	길
	障	막힐
	臟	내장
	奬	도울
	張	베풀
	裝	꾸밀
	藏	감출
	帳	휘장
	腸	창자
	葬	묻을
	莊	씩씩할
	粧	단장할
	掌	손바닥
재	災	재앙
	裁	마름질할
	載	실을
저	底	밑
적	滴	물방울
	寂	고요할
	籍	호적
	積	쌓을
	績	길쌈
	賊	도덕
	摘	딸
	蹟	사적
	笛	피리
전	專	오로지
	轉	구를
절	折	먹을
	切	벨
점	漸	점점을
	占	점칠
	點	점
접	蝶	나비
정	亭	정자
	訂	고칠
	廷	조정
	程	정도
	征	칠
	整	가지런할
제	提	들
	齊	제나라
	際	사귈
	濟	건질
	制	마를
	堤	막을
조	租	구실
	組	인끈
	條	곁가지
	潮	밀물
	照	비칠
	操	잡을
	燥	마를
	弔	조상할
졸	拙	못날
종	縱	세로
좌	佐	도울
	座	자리
주	舟	배
	周	두루
	州	고을
	洲	물가
	株	뿌리
	柱	기둥
준	準	법
	俊	준걸
	遵	쫓을
중	仲	버금
증	憎	미워할
	症	병증세
	贈	줄
	蒸	찔
지	池	못

	誌	기록할		肖	가릴		怠	게으를	
	智	지혜		肖	같을		殆	위태할	
	遲	더딜		礎	주추	택	宅	집	
직	職	벼슬	촉	促	재촉할		擇	가릴	
	織	짤		燭	촛불		澤	못	
진	陣	영문		觸	부딪칠	토	吐	토할	
	振	진동할	총	銃	총		兎	토끼	
	鎭	진압할		總	거느릴		討	칠	
	珍	보배	추	抽	뽑을	통	痛	아플	
	陳	묵을		醜	미울	투	透	트일	
질	疾	병	축	築	쌓을		鬪	싸움	
	姪	조카		蓄	모을	파	派	물갈래	
	秩	차례		畜	기를		播	헤칠	
징	徵	거둘		縮	줄어들		罷	파할	
	懲	징계할		逐	쫓을		頗	자못	
차	差	다를	충	衝	부딪칠	판	判	쪼갤	
착	着	붙을	취	臭	냄새		板	널조각	
	錯	섞일		醉	취할		販	팔	
	捉	잡을		趣	재미		版	조각	
찬	贊	도울	측	側	곁	편	編	엮을	
	讚	기릴		測	잴	평	評	평론할	
참	慘	참혹할	층	層	층계	폐	肺	허파	
	慚	부끄러울	치	稚	어릴		弊	헤칠	
창	倉	곳집		恥	욕될		廢	버릴	
	蒼	푸를		置	둘		蔽	가릴	
	創	다칠		値	값		幣	폐백	
	滄	찰	칠	七	일곱	포	飽	배부를	
	暢	길		漆	옻칠할		浦	물가	
채	彩	빛날	침	枕	베개		包	꾸릴	
	債	빚질		浸	적실		捕	잡을	
책	策	꾀		侵	침입할		胞	배	
처	悽	슬플		寢	잠잘	폭	爆	불터질	
척	斥	내릴		沈	잠길		幅	넓이	
	拓	주울	칭	稱	일컬을	표	票	문서	
	戚	겨레	타	妥	편안할		標	표할	
천	薦	천거할	탁	濁	흐릴		漂	빨래할	
	遷	옮길		托	밀	피	疲	피곤할	
	賤	천할		濯	씻을		被	입을	
	踐	밟을		琢	옥다듬을		避	피할	
철	哲	밝을	탄	炭	숯	필	畢	마칠	
	徹	통할	탄	彈	퉁길	하	荷	짐	
첨	添	더할		歎	탄식할		鶴	두루미	
	尖	뾰족할	탈	奪	빼앗을	한	汗	땀	
첩	妾	첩	탐	貪	탐할		旱	가물	
청	廳	마루	탑	塔	탑	할	割	벨	
체	替	대신할	탕	湯	끓일	함	咸	다	
초	超	뛰어날	태	態	태도		含	머금을	
						함	陷	빠질	환	丸	둥글
						항	航	배다닐		換	바꿀
							抗	항거할		環	고리
							巷	거리		還	돌아올
							港	항구	황	荒	거칠
							項	항목		況	하물며
						해	奚	어찌	회	灰	재
							該	그		悔	뉘우칠
						핵	核	씨		懷	품을
						향	響	울릴		獲	얻을
							享	드릴	획	劃	그을
						헌	獻	드릴	횡	橫	가로
							憲	법	효	曉	새벽
							軒	초헌	후	候	기후
						험	險	험할		喉	목구멍
							驗	시험할	휘	揮	빛날휘
						혁	革	가죽		輝	휘두를
						현	顯	고을	휴	携	끌
							縣	달릴	흡	吸	마실
							弦	활시위	희	戱	희롱할
							懸	달릴		稀	드물
							玄	감을		熙	빛날
							絃	풍류줄		噫	슬플
						혈	穴	구멍			
						협	脅	갈비			
						형	螢	반딧불			
							亨	형통할			
						혜	慧	지혜			
							兮	어조사			
호							互	서로			
							胡	어찌			
							護	호위할			
							豪	호걸			
							浩	넓을			
							毫	터럭끝			
							惑	미혹할			
혼							魂	넋			
							昏	어두울			
홀							忽	문득			
홍							洪	넓을			
							弘	클			
							鴻	기러기			
화							禾	벼			
							禍	재화			
확							確	군을			
							擴	늘릴			
							穫	거둘			

教養故事熟語解釋

家給人足 (가급인족) 집집마다 살림이 넉넉하고, 사람마다 의식에 부족함이 없다.
街談巷語 (가담항어) 늘 세상에 떠도는 뜬소문.
苛斂誅求 (가렴주구) 세금을 가혹하게 징수하다.
家無儋石 (가무담석) 석(石)은 한 항아리, 담(儋)은 두 항아리. 집에 저축이 조금도 없다.
刻骨難忘 (각골난망) 은혜를 깊이 새기어 잊지 않다.
刻骨痛恨 (각골통한) 원한이 뼈에 사무쳐, 잊지 않고 늘 깊이 한탄함.
各人自掃門前雪 (각인자소 문전설) 자기 할 일은 자기가 할 것이요, 남의 일에 관여하지 말라.
刻舟求劍 (각주구검) 배에 새기어 칼을 찾다.
肝腦塗地 (간뇌도지) 간과 뇌가 땅 위에 흐트러지도록 참혹한 죽음을 당하다. 목숨을 돌보지 않고 힘을 다하다.
甘呑苦吐 (감탄고토) 달면 삼키고 쓰면 뱉는다.
甲男乙女 (갑남을녀) 이름도 알려지지 않은 평범한 사람들.
康衢煙月 (강구연월) 큰 거리의 태평스러운 풍경.
强近之親 (강근지친) 아주 가까운 친척.
江山之助 (강산지조) 산수(山水)의 풍경이 사람의 시정(詩情)을 도와 좋은 작품을 만들게 하다.
江山風月主人 (강산풍월주인) 강산과 풍월을 차지한 주인. 경치 좋은 산수간에서 즐겁게 살다.
改過遷善 (개과천선) 지나간 허물을 고치고 착하게 되다.
改過換面 (개과환면) 내심은 그대로 두고 단지 겉만 고치다.
蓋棺事定 (개관사정) 사람에 대한 모든 평은 죽은 뒤에야 정해진다.
客反爲主 (객반위주) 주객이 전도되다. 사물의 대소 경중 전후를 뒤바꾸다.
去頭截尾 (거두절미) 머리와 꼬리를 잘라 없애다. 일의 요점만 말하다.
乾坤一擲 (건곤일척) 운명과 흥망을 걸고 한판걸이로 성패를 겨루다.
犬馬之勞 (견마지로) 자기의 노력을 낮추어서 일컫는 말.
見蚊拔劍 (견문발검) 모기 보고 칼을 빼다. 하찮은 일에 화를 내다.
犬牙相制 (견아상제) 개의 어금니가 서로 맞지 않는 것처럼, 국경선이 들쭉날쭉하여 서로 견제하는 형세.
結草報恩 (결초보은) 죽어서까지도 은혜를 잊지 않고 갚다.
兼人之勇 (겸인지용) 능히 몇 사람을 당해 낼 만한 용기.
鷄肋 (계륵) 닭의 갈빗대.
鷄鳴狗盜 (계명구도) 행세하는 사람이 배워서는 아니 될, 천한 기능을 가진 사람.
股肱之臣 (고굉지신) 팔다리처럼 믿고 중히 여기는 신하.
膏粱珍味 (고량진미) 기름지고 맛좋은 음식.
高麗公事三日 (고려공사삼일) 고려의 공사가 사흘밖에 못 가다. 자주 변경되다.
孤立無依 (고립무의) 외롭고 의지할 데 없다.

苦盡甘來 (고진감래) 고생이 다하면 낙이 온다.
曲肱而枕之 (곡굉이침지) 팔을 굽혀 베개 삼다.
曲學阿世 (곡학아세) 사곡(邪曲)한 학문을 하여 세상에 아첨하다.
汨沒無暇 (골몰무가) 한 가지 일에 골몰하여 틈이 조금도 없다.
骨肉相爭 (골육상쟁) 동족끼리 서로 싸우다.
骨肉之親 (골육지친) 부모 형제와 가까운 혈족.
功過相反 (공과상반) 공과 허물이 반반씩. 공도 있고 잘못도 있다.
空山明月 (공산명월) 사람 없는 빈 산에 외로이 비치는 밝은 달.
空手來空手去 (공수래 공수거) 빈 손으로 왔다가 빈 손으로 가다.
管中之天 (관중지천) 대롱 구멍으로 하늘을 보다. 소견이 좁음.
管鮑之交 (관포지교) 다정하고 허물 없는 교제.
刮目相對 (괄목상대) 눈을 닦고 자세히 보다.
敎婦初來 (교부초래) 아내는 처음 시집 왔을 때에 가르쳐야 한다.
群鷄一鶴 (군계일학) 홀로 뛰어난 사람.
群盲撫象 (군맹무상) 여러 맹인이 코끼리를 더듬다. 자기의 좁은 소견과 주관으로 사물을 그릇 판단하다.
窮餘一策 (궁여일책) 궁한 끝에 내는 한 가지 꾀.
窮鳥立懷 (궁조입회) 쫓긴 새가 품안에 날아들다. 곤궁한 사람이 와서 의지하다.
勸善懲惡 (권선징악) 착한 행실을 권장하고 악한 행동을 징계하다.
捲土重來 (권토중래) 흙먼지를 회오리쳐 일으키며 다시 오다.
歸馬放牛 (귀마방우) 전쟁이 끝나고 평화로운 시절이 되다.
錦上添花 (금상첨화) 좋은 일에 또 좋은 일이 더하다.
今夕何夕 (금석하석) 무척 즐거운 밤을 맞이하여 감탄하는 말.
金城湯池 (금성탕지) 견고하여 용이하게 쳐부수기 어려운 성.
琴瑟之樂 (금슬지락) 부부가 화합하다.
金烏玉兎 (금오옥토) 금오는 해, 옥토는 달. 해와 달.
金玉滿堂 (금옥만당) 금옥 같은 보화가 집에 가득하다.
錦衣還鄕 (금의환향) 출세하여 고향에 돌아가다.
錦衣夜行 (금의야행) 비단 옷을 입고 밤길을 가다.
金枝玉葉 (금지옥엽) 임금의 자손이나 집안. 또는, 귀여운 자손.
氣高萬丈 (기고만장) 씩씩한 기운을 크게 떨치다.
麒麟兒 (기린아) 슬기와 재주가 뛰어난 사람.
記問之學 (기문지학) 항상 고서를 읽어 기억할 뿐, 아무 응용 능력이 없는 학문.
起死回生 (기사회생) 중병으로 죽을 뻔하다가 도로 살아나다.
樂極哀生 (낙극애생) 즐거움이 극에 달하면 슬픔이 생긴다.
落膽喪魂 (낙담상혼) 몹시 놀라 정신이 없다.
落落難合 (낙락난합) 뜻이 커서 세상과 상합되지 않다.
樂生於憂 (낙생어우) 쾌락은 언제나 고생하는 데서 나온다.
難兄難弟 (난형난제) 낫고 못함을 분간하기 어려움.
南柯一夢 (남가일몽) 부귀와 권세는 한때의 꿈과 같다.
男兒一言重千金 (남아일언 중천금) 남자의 말 한 마디는 천 금의 무게를 가진다.
南田北畓 (남전북답) 소유하고 있는 전답이 여기저기 많이 있다.
男尊女卑 (남존여비) 태어나면서부터 권리와 지위에 있어 남자가 높고 여자가 낮다.

老當益壯	(노당익장)	늙으면 더욱 뜻을 굳게 해야 한다.
路柳墻花	(노류장화)	창녀.
老馬之智	(노마지지)	사물에는 각기 특징이 있다. 늙은 말의 경험.
怒髮上衝	(노발상충)	성을 내어 머리털이 곤두서다.
老生常談	(노생상담)	늙은이가 늘 하는 말.
盧生之夢	(노생지몽)	인생의 허무함을 말함. 한단지몽.
勞心焦思	(노심초사)	애를 쓰며 속을 태우다.
論功行賞	(논공행상)	공로의 크고 작음을 비교·검토하여, 거기에 대응하는 상을 주는 것.
弄假成眞	(농가성진)	장난삼아 한 것이 참으로 한 것이 되다.
能大能小	(능대능소)	모든 일을 임기응변으로 잘 처리하다.
多能鄙事	(다능비사)	낮고 속된 일에 재능이 많다.
多多益善	(다다익선)	많을수록 좋다.
單刀直入	(단도직입)	군말을 빼고 바로 본론을 말하다.
簞食豆羹	(단사두갱)	대그릇에 담긴 밥과 작은 나무 그릇에 담긴 국. 검소하고 변변하지 못한 음식.
簞食瓢飮	(단사표음)	도시락 밥과 표주박의 물. 검소한 생활.
丹脣皓齒	(단순호치)	붉은 입술과 흰 이. 미인의 얼굴.
大器晩成	(대기만성)	크게 될 인물은 큰 종을 만드는 것과 같아서 속히 이루어지지 않는다.
大器小用	(대기소용)	큰 그릇을 작은 데에 쓰다.
道出一原	(도출일원)	도리의 근원은 하나이다.
塗炭之苦	(도탄지고)	진흙이나 숯불에 빠진 것 같은 고통.
獨不將軍	(독불장군)	혼자서는 장군이 못 된다. 혼자 잘난 척 뽐내다가 고립된 처지에 있는 사람.
讀書三到	(독서삼도)	독서하는 데는 눈으로 보고, 입으로 읽고, 마음으로 해독하여야 된다.
讀書尙友	(독서상우)	독서함으로써 옛날의 현인을 벗삼다.
東家食 西家宿	(동가식 서가숙)	두 가지 좋은 일을 함께 가지려 하다. 의식주가 없어 떠돌아다니다.
東問西答	(동문서답)	엉뚱한 대답.
同病相憐	(동병상련)	같은 병을 서로 불쌍히 여기다. 처지가 비슷한 사이끼리 서로 동정하다.
東奔西走	(동분서주)	매우 분주함.
同床異夢	(동상이몽)	한 자리에 자면서 다른 꿈을 꾸다. 같은 자리에 있으면서 생각이 서로 다름.
東西南北人	(동서남북인)	주거가 일정하지 않은 사람.
杜門不出	(두문불출)	문을 닫고 밖에 나가지 않다.
杜撰	(두찬)	출처가 확실하지 않은 문자를 쓰거나 오류가 많다.
得隴望蜀	(득롱망촉)	욕심은 한이 없다.
登龍門	(등용문)	입신 출세의 관문.
燈下不明	(등하불명)	등잔 밑이 어둡다.
燈火稍可親	(등화초가친)	등불을 가까이 하여 글을 읽다.
馬耳東風	(마이동풍)	남의 말을 귀담아 듣지 않고 흘려 버리다.
麻中之蓬	(마중지봉)	구부러진 쑥도 삼밭에 심으면 꼿꼿하게 자란다.
莫上莫下	(막상막하)	우열이 없다.
莫逆之友	(막역지우)	마음이 맞아 서로 거스르는 일이 없는 벗.
莫知東西	(막지동서)	동서를 분간하지 못하다.

萬彙群象 (만휘군상) 삼라만상.
亡國之音 (망국지음) 멸망한 나라의 음악. 음탕하고 애상적인 음악.
盲龜遇木 (맹귀우목) 눈 먼 거북이가 물에 뜬 나무를 붙잡다.
孟母三遷之敎 (맹모삼천지교) 맹자의 어머니가 맹자를 선도하기 위하여 집을 세 번 옮겼다는 고사.
明鏡止水 (명경지수) 잡념 없이 깨끗한 마음.
名山大川 (명산대천) 이름난 산과 큰 내.
命世之才 (명세지재) 세상을 구할 만한 뛰어난 인재.
名實相符 (명실상부) 이름과 실상이 같다.
明若觀火 (명약관화) 불을 보듯이 분명하다.
命在頃刻 (명재경각) 곧 숨이 끊어질 지경.
矛盾 (모순) 말이나 행동이 앞 뒤가 서로 일치되지 아니하다.
目不忍見 (목불인견) 참혹하여 눈으로 볼 수 없음.
武陵桃源 (무릉도원) 이 세상과 따로 떨어진 별천지.
刎頸之交 (문경지교) 죽고 살기를 같이하여 목이 떨어져도 두려워하지 않을 만큼 친한 사귐.
文武兼備 (문무겸비) 문식과 무략을 함께 갖추다.
文房四友 (문방사우) 종이·붓·벼루·먹.
門前成市 (문전성시) 권세가 드날리거나 부자가 되어, 집 문 앞이 방문객으로 저자를 이루다.
未亡人 (미망인) 남편이 죽으면 의례히 따라 죽어야 함에도 불구하고 아직 죽지 않고 이 세상에 남아 있는 사람. 과부가 스스로 겸손하게 일컫는 말.
彌縫策 (미봉책) 임시로 꾸며대어 눈가림만 하는 계책.
尾生之信 (미생지신) 우직하게 약속만을 굳게 지키다.
民心無常 (민심무상) 백성의 마음은 다스림에 의하여 좌우된다.
拍掌大笑 (박장대소) 손바닥을 치면서 크게 웃다.
盤根錯節 (반근착절) 구부러진 나무 뿌리와 울퉁불퉁한 마디.
半生半死 (반생반사) 다 죽게 된 처지.
背恩忘德 (배은망덕) 남의 은덕을 잊고 도리어 해치려 하다.
白骨難忘 (백골난망) 죽어 백골이 되어서도 잊을 수 없다.
百年之客 (백년지객) 한평생을 두고 늘 어려운 손님으로 맞다. 처가에서 사위를 두고 하는 말.
百聞不如一見 (백문불여일견) 백 번 듣는 것이 한 번 보는 것만 같지 않다.
白眉 (백미) 흰 눈썹. 가장 뛰어나다.
百發百中 (백발백중) 백 번 쏘아 백 번 맞추다. 앞서 생각한 일들이 꼭 들어맞다.
百事大吉 (백사대길) 모든 일이 잘 되다.
百尺竿頭 (백척간두) 높다란 장대 끝에 서다. 위태롭고 난처한 지경.
百八煩惱 (백팔번뇌) 불가에서 말하는 108가지 번뇌.
附和雷同 (부화뇌동) 아무 비판없이 남의 말에 따르다.
北山之感 (북산지감) 부모에게 공양하지 못함을 한탄하다.
粉骨碎身 (분골쇄신) 뼈가 가루가 되고 몸이 부서지도록 노력하다.
憤氣衝天 (분기충천) 분한 기운이 하늘까지 솟다.
焚書坑儒 (분서갱유) 학자들의 정치 비평을 금하기 위하여 책을 불사르고 유생을 생매장한 일.
不老不死 (불로불사) 지극히 장수하다.
不入虎穴 不得虎子 (불입호혈 부득호자) 호랑이 굴에 들어가지 않

　　　　　　　　　　　　　으면 호랑이 새끼를 얻을 수 없다.
不肖之父 (불초지부) 어리석은 아버지.
不娶同姓 (불취동성) 같은 성의 사람과 혼인하지 않다.
比翼鳥 連理枝 (비익조 연리지) 각기 한 쪽에만 날개가 있는 두 마
　　　　　　　　　　　　리 새가 한데 합하여 나란히 날고, 한 나무의 가
　　　　　　　　　　　　지가 딴 나무의 가지에 연하여 하나가 되다.
非一非再 (비일비재) 한두 번이 아님.
貧賤不能移 (빈천불능이) 가난이 닥쳐도 뜻을 굽히지 않다.
四面楚歌 (사면초가) 사방에서 초나라 노래가 들리다. 적에게 포위당
　　　　　　　　　　하여 고립되다.
四面春風 (사면춘풍) 어떠한 경우라도 좋은 낯으로 대하다.
四分五裂 (사분오열) 넷으로 나누어지고 다섯으로 쪼개어지다.
死不瞑目 (사불명목) 죽어도 눈을 감지 못하다.
蛇足 (사족) 뱀의 발. 화사첨족의 준말. 부질없는 일로 일을 그르치다.
死中求生 (사중구생) 죽을 지경에 빠졌다가 살 길을 찾다.
四通五達 (사통오달) 사방으로 왕래할 수 있는 편리한 곳.
事必歸正 (사필귀정) 모든 일은 반드시 바르게 된다.
山紫水明 (산자수명) 산수의 풍경이 깨끗하고 아름답다.
山戰水戰 (산전수전) 복잡한 세상의 일.
殺身成仁 (살신성인) 남을 위하여 목숨을 희생하다.
三顧草廬 (삼고초려) 유 비가 제갈 공명을 세 번이나 찾아가 군사(軍
　　　　　　　　　　師)로 초빙한 데서 유래한 말. 임금의 두터운 사
　　　　　　　　　　랑을 입다.
三三五五 (삼삼오오) 이삼 인 또는 사오 인씩 흩어져 있다.
三旬九食 (삼순구식) 집안이 가난하여 먹을 것이 적다.
三十六計 走爲上策 (삼십육계 주위상책) 도망가서 몸을 안전하게
　　　　　　　　　　하는 것을 제일 좋은 상책으로 한다. 비겁한 자를
　　　　　　　　　　조롱하는 말.
三益友 (삼익우) 매화 대나무, 돌.
三日雨 (삼일우) 사흘 동안 계속하여 내리는 비. 많은 비.
三日天下 (삼일천하) 삼일 동안 정권을 잡았다가 물러나다. 잠시의 권
　　　　　　　　　　세.
三族之罪 (삼족지죄) 삼족이 연좌하는 죄.
三從之道 (삼종지도) 여자는 어려서 어버이게 순종하고, 시집가서는
　　　　　　　　　　남편에게, 남편이 죽은 후에는 아들에게 순종해
　　　　　　　　　　야 한다는 도덕관.
三尺童子 (삼척동자) 키가 석 자 되는 아이. 어린아이.
三遷之敎 (삼천지교) 맹자의 어머니가 맹자를 선도하기 위하여 세 번
　　　　　　　　　　집을 옮겼다는 고사. 묘지 근처에 살다가 시장
　　　　　　　　　　거리로, 다시 글방 근처로 옮겼다.
桑田碧海 (상전벽해) 뽕나무 밭이 바다가 되다. 세상 일의 변천이 심
　　　　　　　　　　함.
上濁下不淨 (상탁하부정) 웃물이 흐리면 아랫물도 깨끗할 수 없다.
塞翁之馬 (새옹지마) 인간의 길흉화복의 변화가 무상하다.
色卽是空 空卽是色 (색즉시공 공즉시색) 색은 공으로부터 생기고
　　　　　　　　　　공은 색에 의하여 나타남. 본래 색과 공은 차별
　　　　　　　　　　이 없음.
生口不網 (생구불망) 산 사람의 목구멍에 거미줄 치지 않는다.
生面不知 (생면부지) 본 적이 없는 사람.

先見之明	(선견지명)	앞 일을 미리 내다보는 총명.
雪上加霜	(설상가상)	눈 위에 서리가 더하다. 불행이 겹치다.
說往說來	(설왕설래)	서로 변론을 주고 받으며 옥신각신하다.
雪中松栢	(설중송백)	소나무나 잣나무는 눈 속에서도 그 빛이 변하지 않는다.
盛年不重來	(성년부중래)	젊은 시절은 다시 없다.
成者必衰	(성자필쇠)	성한 자는 반드시 쇠망한다.
歲寒松栢	(세한송백)	역경에도 굴하지 않는 절개.
笑裏藏刀	(소리장도)	겉으로는 웃음을 띠어 온화하지만, 내심은 음험하여 악랄하다. 「입에 꿀, 배에 칼」.
小人之勇	(소인지용)	혈기에서 부리는 소인의 용기.
小貪大失	(소탐대실)	적은 것을 탐내다가 큰 것을 잃다.
束手無策	(속수무책)	어찌 할 방책이 없어 꼼짝 못하다.
送舊迎新	(송구영신)	묵은 해를 보내고 새해를 맞다.
宋襄之仁	(송양지인)	쓸데없는 인정.
送往迎來	(송왕영래)	가는 사람을 전송하고 오는 사람을 맞이하다.
守口如瓶	(수구여병)	말할 때 신중하고 비밀을 잘 지키다.
首邱初心	(수구초심)	여우가 죽을 때는 제 집 쪽으로 머리를 돌리고 죽는다. 고향을 잊지 않고 그리워하다.
袖手傍觀	(수수방관)	팔짱끼고 보고만 있다.
水深可知 人心難知	(수심가지 인심난지)	물의 깊이는 알 수 있으나 사람의 속마음은 헤아리기 어렵다.
脣亡齒寒	(순망치한)	입술이 없으면 이가 시리다. 돕는 이가 망하면 이웃이 함께 위험하다.
順天者存	(순천자존)	천리에 따라 행하는 자는 오래 남는다.
脣齒之國	(순치지국)	이해 관계가 밀접한 나라.
是是非非	(시시비비)	옳은 것은 옳다 하고 그른 것은 그르다 함.
是耶非耶	(시야비야)	옳고 그름.
食小事煩	(식소사번)	먹을 것은 적고 일만 복잡하다.
識者憂患	(식자우환)	학식이 있어서 도리어 근심을 사게 되다.
食前方丈	(식전방장)	식사를 할 자리에, 사방 한 길 넓이에 여러 가지 음식을 가득 벌려 놓다. 매우 호사스럽게 차린 음식.
新凉燈火	(신량등화)	서늘한 초가을 밤에 등불 밑에서 글 읽기가 좋다.
身老心不老	(신로심불로)	몸은 늙어도 마음은 늙지 않다.
信賞必罰	(신상필벌)	상벌을 공정히 하다.
身言書判	(신언서판)	사람을 판단하는 네 가지 기준. 생김새·말씨·글씨·판단력.
身體髮膚	(신체발부)	머리 끝부터 발 끝까지의 몸 전부.
神出鬼沒	(신출귀몰)	출몰이 자유자재하여 귀신 같다.
實事求是	(실사구시)	사실 즉 실제에 임하여 그 일의 진상을 찾고 구하다.
十伐之木	(십벌지목)	열 번 찍어서 안 넘어가는 나무가 없다.
十常八九	(십상팔구)	열 가운데 여덟이나 아홉.
十匙一飯	(십시일반)	여러 사람이 힘을 합하여 한 사람을 돕는 일은 쉽다.
阿鼻叫喚	(아비규환)	많은 사람이 고통을 못 이겨 구원을 부르짖는 소리. 극심한 참상.

我田引水	(아전인수)	자기 논에 물대기. 나에게 이롭게 하다.
安貧樂道	(안빈낙도)	가난하지만 마음을 편히 하고 걱정하지 않으며 도를 즐기다.
巖穴之士	(암혈지사)	속세를 떠나 깊은 산 속에 숨어 사는 선비.
仰不愧天	(앙불괴천)	하늘을 우러러 조금도 부끄러움이 없다.
仰天大笑	(앙천대소)	하늘을 보며 크게 웃는 웃음.
仰天而唾	(앙천이타)	하늘을 향해 침을 뱉다.
哀而不悲	(애이불비)	슬프지만 겉으로 드러내지 않다.
愛人以德	(애인이덕)	사람을 덕으로써 사랑하다.
愛之重之	(애지중지)	매우 사랑하여 중히 여기다.
羊頭狗肉	(양두구육)	양의 머리를 걸어 놓고 개고기를 팔다.
梁上君子	(양상군자)	대들보 위의 군자. 도둑.
魚頭肉尾	(어두육미)	생선은 머리 부분이 맛있고 짐승은 꼬리 부분이 맛있다.
魚變成龍	(어변성룡)	물고기가 변하여 용이 되다.
漁夫之利	(어부지리)	쌍방이 다투는 사이에 제삼자가 득을 보다.
語不成說	(어불성설)	말이 이치에 맞지 않다.
魚水之親	(어수지친)	임금과 백성이 친밀하다. 부부가 서로 사랑하다.
抑强扶弱	(억강부약)	강한 자는 누르고 약한 자는 돕다.
言語道斷	(언어도단)	어처구니 없어 할 말이 없다.
言有召禍	(언유소화)	말 때문에 재앙을 초래하다.
言中有骨	(언중유골)	말 속에 뼈가 있다.
言則是也	(언즉시야)	말이 사리에 맞다.
與民同樂	(여민동락)	왕이 백성과 더불어 즐거움을 같이 나누다.
如反掌	(여반장)	손바닥을 뒤집는 것과 같다.
女必從夫	(여필종부)	아내는 반드시 남편에게 순종해야 한다.
延年益壽	(연년익수)	나이를 많이 먹고 오래 살다.
鳶飛魚躍	(연비어약)	솔개가 날고 물 속에 고기가 뛰놀다. 천지조화의 오묘함.
連理枝	(연리지)	연리의 가지. 화목한 부부.
緣木求魚	(연목구어)	나무에 올라가서 고기를 구하다.
燕雀安知 鴻鵠之志哉	(연작안지 홍혹지지재)	연작이 어찌 홍혹의 뜻을 알리오.
榮枯盛衰	(영고성쇠)	번영하고 쇠퇴함이 뒤바뀌는 형상.
寧爲鷄口 無爲牛後	(영위계구 무위우후)	닭의 입이 될지언정 소의 꼬리는 되지 않다.
五車之書	(오거지서)	다섯 수레에 실을 만큼 많은 책.
五里霧中	(오리무중)	오 리나 낀 안개 속. 방향이나 갈피를 잡을 수 없는 상태.
傲慢不遜	(오만불손)	교만하고 공손하지 않다.
寤寐不忘	(오매불망)	자나깨나 잊지 않다.
烏飛梨落	(오비이락)	까마귀 날자 배 떨어진다.
五十步百步	(오십보백보)	조금의 차이가 있지만, 크게 보아서는 본질상의 차이가 없다.
吳越同舟	(오월동주)	적의를 품은 자들이 같은 처지나 한 자리에 있다.
五風十雨	(오풍십우)	매우 순조로운 기후. 태평 세월.
烏合之衆	(오합지중)	까마귀가 모인 것같이 임시로 조직없이 모여든 무리.
溫故知新	(온고지신)	옛 것을 연구하여 새로운 것을 알다.

溫柔敦厚	(온유돈후)	상냥하고 인정이 두텁다.
臥薪嘗膽	(와신상담)	섶 위에서 자고, 쓸개를 맛보다. 원수를 갚고자 고생을 참고 견디다.
要領不得	(요령부득)	요령을 얻지 못하다.
樂山樂水	(요산요수)	지혜 있는 자는 사리에 통달하여 물과 같이 막힘이 없으므로 물을 좋아하고, 어진 자는 의리에 밝고 산과 같이 중후하여 변하지 않으므로 산을 좋아한다.
龍頭蛇尾	(용두사미)	처음엔 그럴 듯하다가 뒤가 흐지부지해지는 형상.
牛耳讀經	(우이독경)	쇠 귀에 경 읽기. 헛된 일.
愚者一得	(우자일득)	어리석은 사람도 때에 따라 좋은 생각을 낸다.
遠禍召福	(원화소복)	화를 멀리하고 복을 가져 오다.
越犬吠雪	(월견폐설)	어리석은 자가 일을 잘 못한 경우에 이르는 말.
月旦評	(월단평)	인물 비평.
危機一髮	(위기일발)	절박한 순간.
爲善最樂	(위선최락)	선을 행함이 가장 큰 즐거움이다.
威而不猛	(위이불맹)	위엄이 있으면서 무섭지 않고 부드럽다.
類萬不同	(유만부동)	모든 것이 서로 같지 않다.
有名無實	(유명무실)	명목뿐이고 실질이 없다.
有始無終	(유시무종)	지조가 굳지 못하다.
唯我獨尊	(유아독존)	이 세상에 나보다 더 높은 것이 없다.
流言蜚語	(유언비어)	근거없이 떠도는 말.
愈出愈怪	(유출유괴)	점점 더욱 괴이하다.
隱忍自重	(은인자중)	마음속으로 참으며 조심하다.
淫談悖說	(음담패설)	음탕하고 상스러운 말.
應天順人	(응천순인)	천명에 따르고 인위에 순응하다.
衣錦還鄕	(의금환향)	입신출세하여 고향에 돌아가다.
意氣揚揚	(의기양양)	뜻대로 되어 으쓱거리는 기상이 펄펄하다. 득의한 마음이 얼굴에 나타나다.
倚門之望	(의문지망)	어머니가 멀리 간 아들을 고대하는 정.
衣繡夜行	(의수야행)	비단 옷을 입고 밤길을 가다.
異口同聲	(이구동성)	말과 의견이 일치하다.
以德報怨	(이덕보원)	원수에게 은혜를 베풀다.
以食爲天	(이식위천)	음식은 사람이 살아가는 데 근본이 된다. 먹는 것이 가장 중요하다.
以實直告	(이실직고)	사실대로 고하다.
以心傳心	(이심전심)	마음에서 마음으로 전하다.
人命在天	(인명재천)	사람의 일이 다 하늘에 달려 있다.
人生七十古來稀	(인생칠십고래희)	사람이 칠십을 살기란 고래로 드물다.
因循姑息	(인순고식)	구습을 고치지 않고 목전의 편안만을 취하다.
仁者無敵	(인자무적)	어진 사람은 모든 사람을 사랑하므로 천하에 적이 없다.
忍之爲德	(인지위덕)	참는 것이 덕이다.
一刻千金	(일각천금)	일각은 천금에 비길 만큼 매우 귀중하다. 일각은 15분.
一擧兩得	(일거양득)	한 가지 일을 하여 두 가지 효과를 거두다.
一網打盡	(일망타진)	한꺼번에 모조리 잡다.

一瀉千里 (일사천리) 일이 지체없이 진행되다.
一日三秋 (일일삼추) 무척 애태우며 기다리다.
一字千金 (일자천금) 글자 한 자에 천금.
一場春夢 (일장춘몽) 덧없는 인생.
一朝一夕 (일조일석) 짧은 시간.
一片丹心 (일편단심) 진정에서 우러나오는 마음.
一筆揮之 (일필휘지) 글씨나 그림을 한숨에 죽 쓰거나 그리다.
一攫千金 (일확천금) 한꺼번에 많은 돈을 얻다.
一喜一悲 (일희일비) 기쁜 일과 슬픈 일이 번갈아 일어나다.
臨渴掘井 (임갈굴정) 목이 말라서야 우물을 파다.
臨機應變 (임기응변) 그때 그때의 변화되는 사정에 따라 적당히 처리하다.
自激之心 (자격지심) 제가 한 일에 대하여 스스로 미흡한 생각을 가지다.
自手成家 (자수성가) 물려받은 재산 없이 스스로 재산을 모아 살림을 이루다.
自業自得 (자업자득) 자기가 저지른 일의 업을 자기가 받다.
自初至終 (자초지종) 처음부터 끝까지의 사정.
自稱天子 (자칭천자) 스스로 칭찬하는 자를 비웃는 말.
自暴自棄 (자포자기) 마음에 불만이 있어 자신을 스스로 돌보지 않다.
自畵自讚 (자화자찬) 자기가 한 일을 스스로 자랑하다.
作心三日 (작심삼일) 결심이 사흘을 못 가다.
長命富貴 (장명부귀) 수명이 길고 재산이 많고 지위가 높다.
丈夫一言 重千金 (장부일언 중천금) 남자가 한 번 한 말은 천금의 무게가 있다.
賊反荷杖 (적반하장) 도둑이 도리어 매를 들다.
電光石火 (전광석화) 매우 빠르다.
戰戰兢兢 (전전긍긍) 두려워 겁내는 모양.
轉禍爲福 (전화위복) 화가 바뀌어 복이 되다.
切齒腐心 (절치부심) 몹시 분하여 이를 갈고 속을 썩이다.
頂門一針 (정문일침) 정수리에 침을 주다.
精神一到 何事不成 (정신일도 하사불성) 정신을 집중하여 노력하면 어떤 어려운 일이라도 성취할 수 있다.
井底蛙 (정저와) 우물안 개구리.
諸子百家 (제자백가) 중국 춘추시대의 여러 학자.
糟糠之妻 (조강지처) 구차하고 천한 때에 함께 고생한 아내.
朝東暮西 (조동모서) 정한 곳 없이 이리저리 옮아다니다.
朝三暮四 (조삼모사) 간사한 꾀로 남을 농락하다.
鳥足之血 (조족지혈) 새 발의 피.
左之右之 (좌지우지) 마음대로 하다.
左衝右突 (좌충우돌) 사방으로 치고 받다.
晝耕夜讀 (주경야독) 낮에 일하고 밤에 공부하다.
走馬加鞭 (주마가편) 달리는 말에 채찍을 더하다.
走馬看山 (주마간산) 달리는 말 위에서 산천을 구경하다.
舟中敵國 (주중적국) 자기 편 속에 적이 있다.
酒池肉林 (주지육림) 술로써 못을 이루고 고기로써 숲을 이루다.
竹馬故友 (죽마고우) 어릴 때부터 함께 자란 친구.
衆寡不敵 (중과부적) 적은 수로써 많은 무리를 대적하지 못한다.
衆口難防 (중구난방) 여러 사람의 말은 막기 어렵다.

重言復言 (중언부언) 같은 말을 반복하다.
舐犢之愛 (지독지애) 어미소가 송아지를 핥아서 귀여워하다.
知彼知己 (지피지기) 상대를 알고 나를 알다.
志學之年 (지학지년) 나이 15세.
珍羞盛饌 (진수성찬) 맛좋고 많이 차린 음식.
盡人事 待天命 (진인사 대천명) 노력을 다한 후에 천명을 기다린다.
盡忠報國 (진충보국) 충성을 다하여 나라에 보답하다.
進退兩難 (진퇴양난) 나아갈 수도 없고 물러설 수도 없는 형편.
此日彼日 (차일피일) 일을 핑계하고 자꾸 기한을 늦추다.
天高馬肥 (천고마비) 하늘은 높고 말은 살찌다.
千金之子 (천금지자) 부자집 아들.
千里同風 (천리동풍) 천리에 같은 바람이 분다.
千里眼 (천리안) 먼 것을 보는 안력(眼力). 꿰뚫어 보는 힘.
天方地軸 (천방지축) 너무 바빠서 두서를 잡지 못하고 허둥대다.
千變萬化 (천변만화) 심한 변화.
千辛萬苦 (천신만고) 한없이 수고하고 애를 쓰다.
天圓地方 (천원지방) 하늘은 둥글고 땅은 네모지다.
天眞爛漫 (천진난만) 가식이 없는 말과 행동.
千秋萬歲 (천추만세) 오래 살기를 축수하는 말.
千篇一律 (천편일률) 똑같아 변함이 없다.
天下無雙 (천하무쌍) 천하 제일.
鐵面皮 (철면피) 뻔뻔스럽고 염치를 모르는 사람.
靑天霹靂 (청천벽력) 마른 하늘의 벼락.
草露人生 (초로인생) 풀 끝에 맺힌 이슬 같은 인생.
秋風落葉 (추풍낙엽) 가을 바람에 떨어지는 잎처럼 이리저리 떨어져 흩어지다.
忠臣不事二君 (충신불사이군) 충신은 두 임금을 섬기지 않는다.
醉生夢死 (취생몽사) 일생을 흐리멍텅하게 마치다.
治亂存亡 (치란존망) 천하의 태평함과 어지러움과 존재함과 망함.
七去之惡 (칠거지악) 아내를 내쫓는 이유가 되는 일곱 가지 경우.
七顚八起 (칠전팔기) 일곱 번 넘어졌다가 여덟 번 일어나다.
他山之石 (타산지석) 타산의 돌. 「타산」은 산의 이름임. 타산에서 나오는 돌은 질이 좋지 않지만, 이 돌로 옥을 갈면 옥이 아름답게 된다.
卓上空論 (탁상공론) 실현성이 희박한 공상론.
貪官汚吏 (탐관오리) 재물을 탐내며 마음이 깨끗하지 못한 관리.
貪財好色 (탐재호색) 재물을 탐하고 여색을 즐기다.
探花蜂蝶 (탐화봉접) 꽃을 찾아다니는 벌과 나비.
蕩盡家産 (탕진가산) 집안 살림이나 재산을 다 써서 없애다.
土積成山 (토적성산) 작은 것이 쌓여 큰 것이 되다.
推敲 (퇴고) 문장을 여러 번 고치다.
破落戶 (파락호) 방탕하여 가산을 잃은 사람. 일정한 직업이 없는 부뢰한.
波瀾重疊 (파란중첩) 어려운 일이 복잡하게 겹치다.
八方美人 (팔방미인) 누구에게나 잘 보이도록 처세하는 사람. 여러 방면에 능통한 사람.
敗軍之將 (패군지장) 싸움에 패한 장수. 실패하여 면목없게 된 사람.
萍水相逢 (평수상봉) 개구리 밥이 바람 부는 대로 떠다니다가 우연히 서로 만나다. 여행 중에 우연히 만나다.

風飛雹散 (풍비박산)	사방으로 날려서 흩어지다.
風騷之士 (풍소지사)	풍류가 있는 선비.
風樹之歎 (풍수지탄)	효도할 기회를 잃은 것을 한탄하다.
風前燈火 (풍전등화)	바람 앞의 등불. 위급함.
彼一時 此一時 (피일시 차일시)	그 때나 지금이나 마찬가지.
匹夫匹婦 (필부필부)	평범한 남자와 여자.
下官不職 (하관부직)	관리가 그 직책을 감당하지 못하다.
夏爐冬扇 (하로동선)	여름의 화로와 겨울의 부채. 쓸모없는 재능.
鶴立鷄群 (학립계군)	닭의 무리 속에 있는 학.
鶴首苦待 (학수고대)	몹시 기다리다.
漢江投石 (한강투석)	한강에 돌을 던지다.
邯鄲之夢 (한단지몽)	한단에서 꾼 꿈. 일장춘몽.
邯鄲之步 (한단지보)	한단 지방 사람의 걸음걸이.
寒往暑來 (한왕서래)	세월이 흐르다.
汗牛充棟 (한우충동)	많은 책.
閑雲野鶴 (한운야학)	구름 아래 한가로이 노는, 들의 학.
緘口不言 (함구불언)	입을 다물고 말하지 않다.
含憤蓄怨 (함분축원)	분함을 머금고 원한을 쌓다.
咸興差使 (함흥차사)	심부름을 간 뒤에 아무 소식이 없다.
咳唾成珠 (해타성주)	주옥 같은 문장을 쓰다.
海闊天空 (해활천공)	광활한 바다와 끝없는 하늘.
行道遲遲 (행도지지)	근심이 있어서 느릿느릿한 걸음걸이.
行百里者 半九十 (행백리자 반구십)	백 리 길을 가려면, 구십 리를 가도 오십 리도 못 간 것으로 생각하여야 한다.
行不勝衣 (행불승의)	키가 작고 여위어서 옷맵시가 나지 않는다.
行常帶經 (행상대경)	외출할 때에 항시 경서를 휴대하다.
行尸走肉 (행시주육)	송장의 움직임처럼 동작뿐이고 아무 소용 없다.
行雲流水 (행운유수)	각양각색으로 변화하다.
行有餘力學文 (행유여력학문)	일을 마치고 남은 시간에 글을 배우다.
杏花雨 (행화우)	청명절에 오는 비.
向陽花木 (향양화목)	해를 향한 꽃과 나무.
向隅之歎 (향우지탄)	많은 사람들이 즐거워하지만 혼자 구석을 향하여 한탄하다.
虛氣平心 (허기평심)	기운을 가라앉히고 마음을 편안하게 하다.
虛心坦懷 (허심탄회)	거리끼지 않고 숨김이 없는 마음.
虛心平意 (허심평의)	아무것도 생각지 않고 조용히 있다.
孑孑單身 (혈혈단신)	의지할 곳 없는 홀몸.
刑名之學 (형명지학)	법으로써 나라를 다스려야 한다는 학설.
螢雪之功 (형설지공)	열심히 공부하여 보람을 얻다.
形影相吊 (형영상조)	몸과 그림자가 서로 위로하다.
形容枯槁 (형용고고)	초췌한 모습.
螢窓雪案 (형창설안)	고학.
狐假虎威 (호가호위)	임금의 권세를 빌어 다른 사람을 위협하다.
糊口之策 (호구지책)	먹고 살아갈 대책.
好內好外 (호내호외)	여색을 좋아함과 현인을 좋아함.
號令如汗 (호령여한)	한 번 내린 명령은 취소하기 어렵다.
壺裡乾坤 (호리건곤)	항상 술에 취하다.
好事多魔 (호사다마)	좋은 일에는 방해가 되는 일이 많다.